아이 밥 어른 밥 따로 차릴 필요 없이 온 가족이 같이 먹는

담이네 식탁

아이 밥 어른 밥 따로 차릴 필요 없이 온 가족이 같이 먹는

담이네 식탁

3살부터 초3까지,
아이와 함께하는
영양 만점 행복한 집밥

박혜진 지음

,

CONTENTS

Everyday Dish

매일매일 건강하고 맛있게
일상 요리

Weekend Dish

조금 더 근사하게 영양 만점
주말 요리

PROLOGUE

팬데믹이 한창일 때 담이를 출산했어요. 남편이 출근하고 나면 아이와 나 둘뿐인 일상을 3년간 보냈죠. 단조로운 일상 속에서도 매일 다른 요리를 하는 것은 저에게 큰 즐거움이었고, 건강한 육아를 할 수 있는 원동력이 되었어요. 아이와 함께 먹을 수 있는 음식을 고민하는 것이 꽤나 재미있었거든요. 담이는 제가 해주는 음식을 매번 잘 먹지는 않았지만 아이와 같은 음식을 나누어 먹을 때 얻는 큰 기쁨이 있었기에 끊임없이 요리할 수 있었죠.

이 책에는 삼시 세끼 요리를 해 먹던 그 시절에 만든 레시피가 가장 많아요. 온전히 아이에게만 집중하고 나와 가족을 위해 요리하던 그때가 가끔 그립기도 해요. 콘텐츠를 만드는 저도, 어린이집에 다니는 담이도 사회생활을 하느라 바빠진 지금은 그 시절에 부지런히 모아둔 레시피를 찾아보며 요리하곤 합니다.

SNS에 '담이와먹는것들'이라는 해시태그로 올린 사진들이 차곡차곡 쌓이면서 언젠가 '이 레시피들로 엮은 요리책을 만들면 좋겠다.'라는 바람이 있었어요. 그리고 2023년, 여름이 끝날 무렵 정말로 출간 제의가 들어왔습니다. 책을 펴낼 수 있게 도움 주신 세미콜론 출판사 김지향 편집자에게 감사드립니다.

또 나의 요리 스승님 엄마와 아빠. 어려서부터 식당을 하시는 부모님을 보며 자랐고, 요리를 잘하는 부모님이 자랑스러웠어요. 내가 요리를 잘하는 건 모두 엄마 아빠 덕분이에요. 언제나 묵묵히 딸의 행복을 응원해주셔서 감사합니다.

1년 가까이 주말을 쪼개어 함께 촬영을 해준 남편에게도 진심으로 고마운 마음을 전합니다. 남편이 없었다면 아무것도 하지 못했을 거예요. 마지막으로 나의 딸 담이에게 고맙다는 말을 하고 싶어요. 아이 덕분에 세상을 바라보는 시선이 달라졌고, 아이와 함께 하루하루 성장하고 있어요. 아이로 인해 풍족해진 마음을 레시피로 나누다 보니 책까지 쓰게 되었습니다. 사랑하는 내 딸 담이에게 이 책을 가장 먼저 선물하고 싶어요.

이 책을 펼쳐 읽고 있는 부모님들에게!
요리와 육아는 한번 잘해낸다고 끝낼 수 있는 미션이 아니에요. 평생을 함께해야 하죠. 평생이라는 단어가 무겁게 느껴지지 않도록 즐겼으면 좋겠어요. 요리도 육아도 거창하거나 대단할 필요 없다고 생각해요. 저 역시 아직 모르는 요리가 많고, 육아도 마냥 서툴고 어려운 일투성이지만 자연스럽게 나아가려고 해요. 아무쪼록 아이와 함께하는 바쁜 일상이 이 책으로 인해 조금 유연해지길 바랍니다.

계량법

- 일반 가정에서 사용하는 스푼은 크기가 조금씩 다르기 때문에 정확한 계량을 하는 데에 어려움이 있어요. 때문에 모든 레시피의 계량은 계량컵과 계량스푼을 사용했습니다.

- 무게(g)로 계량한 레시피는 전자저울을 사용했습니다.

- 계량 기준: 1컵=200㎖, 1큰술=15㎖

식단을 구성할 때 중요하게
생각하는 것들

입맛 돋우어주는 곁들임 반찬을 식단에 넣기

1

곁들임 반찬은 메인 요리 못지않게 식단을 구성하는 데 중요한 요소라고 생각해요. 우리가 보통 먹는 음식들을 상상해보세요. 짜장면에는 단무지를 곁들이고, 파스타를 먹을 때에는 피클이나 샐러드가 있으면 제대로 메인 요리를 즐길 수 있죠. 만족스러운 한 끼를 먹기 위한 곁들임 반찬은 식탁 위를 더욱 풍성하게 만들어줍니다. 이 책에서 소개한 오이김치, 무생채, 단무지, 백김치, 샐러드, 피클 등의 곁들임 반찬은 맛이 싱그럽고 약간의 산미가 있어 입맛을 돋우어요. 매끼 입맛 도는 식사를 하기 위해 '곁들임 반찬'의 챕터를 지나치지 말고 유심히 들여다보길 바랍니다.

단백질이 풍부한 식재료로 요리하기

2

어른 아이 할 것 없이 단백질 섭취는 중요해요. 특히 자라나는 아이들에게 단백질 섭취는 건강하게 성장하는 데 큰 도움을 주기 때문에 요리를 할 때 되도록 매끼 단백질 재료를 사용하려고 해요. 매끼 식단에 단백질 재료를 넣는 것이 부담스러울 수 있겠지만 익숙해지면 어렵지 않아요. 예를 들어, 탄수화물이 대부분인 볶음우동을 만든다고 할 때 단백질이 풍부한 새우나 돼지고기를 함께 볶아내면 단백질이 충분히 보충됩니다. 밥을 지을 때에도 냉장고에 표고버섯이 있다면 송송 썰어 넣어보세요. 간단하지만 근사한 단백질 식단이 됩니다. 고기나 생선처럼 고단백은 아니지만 단백질 성분이 있는 채소도 찾아보면 의외로 많아요. 단백질 재료가 무엇이 있나 관심 있게 살펴보고 '일상 요리'에 적용해보세요.

이 책에서 소개하는 단백질 식재료

○ **육류·알류**
돼지고기, 소고기, 닭고기, 달걀, 메추리알

○ **어패류**
바지락, 굴, 고등어, 명란, 장어, 오징어, 새우

○ **채소·곡류·견과류**
버섯, 고사리, 콩나물, 감자, 시금치, 참깨, 들깨, 잣

○ **가공식품**
두부, 된장, 치즈, 우유, 마른김

신선한 계절 식재료 사용하기

3

제철을 맞은 식재료는 맛도 좋고 가격도 저렴한 편이에요. 그러니 제철 식재료를 사랑하지 않을 이유가 없지 않겠어요? 특히 한 계절에만 먹을 수 있는 생물 굴, 매생이와 같은 식재료는 제철이 돌아왔을 때 귀한 손님이 온 것처럼 반가워요. 계절이 바뀌어도 맛이 비슷한 식재료도 있지만 제철이 되면 맛이 드라마틱하게 바뀌는 식재료도 있어요. 예를 들어, 늦가을부터 겨울이 제철인 당근, 배추, 무는 맛이 정말 달고 아삭해요. 계절이 바뀔 때마다 제철 식재료를 사용해 요리하다 보면 요리가 지루할 틈이 없이 즐거워질 거예요.

**이 책에서 소개하는
계절별 식재료**

○ **봄**
바지락, 달래, 고사리, 세발나물

○ **여름**
오이, 토마토, 가지, 애호박, 참외, 감자, 참나물

○ **가을**
고등어, 버섯, 새우, 사과, 생강, 배, 잣

○ **겨울**
무, 알배추, 당근, 매생이, 굴, 시금치, 콜라비

자주 사용하는 도구

○ **계량컵, 계량스푼, 전자저울**

맛있는 요리를 해냈을 때 바로 레시피를 정리해두면 두고두고 맛있는 음식을 재현해낼 수 있기 때문에 대체로 계량스푼과 계량컵을 이용해서 요리하는 편이에요. 계량도구가 없다면 이 책의 레시피를 따라 맛있게 요리하기 위해 하나쯤 구비해두는 것을 추천해요.

○ **볼**

다양한 사이즈의 볼을 구비해두면 양념 만들 때, 재료 손질할 때, 요리를 버무릴 때 등 요리 과정에 유용하게 사용할 수 있어요.

○ **냄비**

국, 찌개, 조림 등 국물이 있는 요리를 할 때 주로 사용해요. 요리에 따라 다양한 소재의 냄비를 구비해두면 좋지만 하나만 고르라면 스테인리스 소재의 냄비를 추천해요. 관리가 쉽고 내구성이 좋아 한 번 구입하면 오래도록 사용할 수 있고, 열전도율이 빠른 편이라 국, 찌개, 찜 등 다양한 요리를 효율적으로 할 수 있어요.

○ **팬**

구이나 볶음요리에는 프라이팬, 조림이나 찜 등 수분이 많은 요리를 할 때에는 궁중팬을 사용해요. 소재는 스테인리스, 코팅 팬 두 가지를 애용해요. 코팅 팬은 표면이 코팅되어 있어 요리하기가 편리하지만 코팅이 벗겨지지 않도록 주의해야 하고, 오래 사용하면 코팅 효과가 떨어진다는 단점이 있어요. 스테인리스 팬은 사용할 때마다 오일 코팅을 해야 하는 번거로움이 있지만 팬 손상에 대한 염려를 하지 않아도 되며, 관리만 잘하면 오래도록 사용할 수 있어요. 조개류 같은 딱딱한 재료를 요리할 때에는 코팅 팬을 사용하면 쉽게 스크래치가 생길 수 있으니 되도록 스테인리스 팬을 사용하는 것이 좋아요.

○ 가위

가위는 칼을 대신하여 간편하게 재료를 절단할 때 주로 사용해요. 조리할 때뿐만 아니라 식사할 때 식탁 위에 작은 가위를 두고 아이가 먹기 좋도록 음식을 토막 낼 때에도 애용하는 편이에요.

○ 집게

집게가 가장 필요한 순간을 뽑으라면 고기 구울 때가 아닐까 싶어요. 무게 감이 있는 재료를 구울 때 집게가 있으면 손에 힘이 덜 들어가서 요리하기가 편해요. 또한 음식을 덜어 먹을 때에도 사용하기 때문에 다양한 사이즈로 구비하여 사용하는 편이에요.

○ 조리용 우드 젓가락, 우드 스푼

열을 가하는 요리를 할 때 기름이 튀거나 뜨거울 수 있으니 길쭉한 조리용 젓가락과 스푼을 자주 사용해요. 우드 재질을 사용할 경우 팬이 긁힐 염려가 없어 좋은 점도 있어요.

○ 실리콘 뒤집개

납작한 모양의 뒤집개는 면적이 넓은 재료를 뒤집을 때 유용해요. 실리콘 소재는 열에 강하고 팬이 손상되지 않아 재료를 굽거나 볶을 때에도 손이 자주 가죠. 또한 소재가 유연해서 반죽이나 양념을 깨끗하게 긁어낼 때에도 사용하기 좋아요.

○ 체

식재료의 물기를 제거할 때, 액체와 고체를 분리할 때, 가루 재료를 곱게 체칠 때, 거품을 걷어낼 때 등 다양하게 사용할 수 있어요. 용도에 따라 사이즈별로 구비해두면 두루두루 쓰임이 좋을 거예요.

○ 그레이터

단단한 치즈를 갈 때 가장 많이 사용하지만 무, 마늘, 생강과 같은 단단한 채소를 소량 갈 때에도 유용하게 사용해요.

○ 필러, 슬라이서

감자, 오이 등 단단한 채소의 껍질을 제거할 때, 단단한 치즈나 채소를 얇게 슬라이스할 때 사용하기 좋아요.

○ 채칼

단단한 채소를 일정한 두께로 채 썰기에 좋아요. 적은 양의 채소는 칼로 채 썰지만 많은 양의 채소를 썰 때에는 손목에 무리가 올 수 있어 꼭 채칼을 이용하는 편이에요. 우리의 손목 건강을 위하여 하나쯤은 구비해두는 걸 추천해요.

○ 절구와 방망이

깨를 갈거나 잣이나 호두와 같은 견과류를 빻을 때 사용해요. 자주 사용하지는 않지만 없으면 서운한 도구죠. 주방 한편에 두어도 부담스럽지 않도록 작은 사이즈의 절구를 구비하는 걸 추천해요.

○ 핸드블렌더 또는 믹서기

다양한 요리를 하기 위하여 핸드블렌더나 믹서기 중 하나는 주방에 두고 사용하는 것이 좋아요. 믹서기는 부피가 크고 무게가 나가는 편이라 고정된 자리에 두고 사용하지 않으면 꺼내 쓰기 번거로워 사용 빈도가 낮을 거예요. 믹서기를 주방 한편에 둘 공간이 부족하다면 가볍고 공간 차지가 적은 핸드블렌더를 추천해요.

양념류를 고를 때 중요하게 여기는 것이 있다면 맛과 향이 너무 튀지 않는 것을 선택하는 것이에요. 예를 들어, 요리용 꿀은 특유의 향이 강하지 않은 아카시아꿀을 사용해요. 야생화꿀, 밤꿀 같이 향이 짙은 꿀로 요리를 하게 되면 꿀 향으로 인해 요리의 맛이 오히려 떨어지게 되거든요. 그래서 양념은 주재료의 맛을 끌어올려주기 위한 조미료 역할에 충실한 양념을 선호하는 편이에요.

양념은 제품마다 염도와 당도 그리고 맛과 향이 조금씩 다르기 때문에 레시피에 사용한 제품을 적어두었습니다. 다른 브랜드의 제품을 사용하고 있다면 입맛에 맞게 양을 가감해주세요.

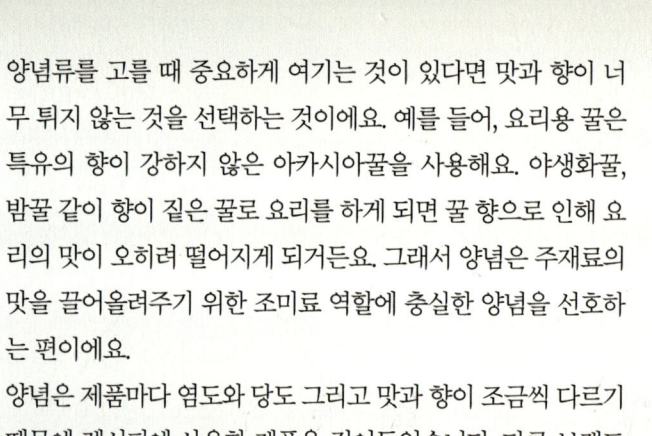

즐겨 사용하는 양념

간을 할 때

1

○ **간장**

간장은 양조간장, 진간장, 국간장으로 나뉘어요. 양조간장과 진간장은 단맛과 감칠맛이 뛰어나 볶음, 무침, 조림 등에 다양하게 활용할 수 있어요. 진간장은 깔끔하면서 묵직한 감칠맛이 난다면 양조간장은 부드럽고 깊은 단맛이 나 덜 짜게 느껴져요. 예전에는 진간장과 양조간장을 모두 사용했는데, 점점 양조간장의 사용 빈도가 높아지다 보니 이제는 맑은 국물 요리를 제외한 모든 요리에 양조간장을 사용하고 있어요. 국물 요리를 할 때에는 색이 옅고 구수한 쌀누룩 간장을 애용합니다.

샘표 양조간장 501, 작은텃밭 쌀누룩 간장

○ **된장**

여러 종류의 된장을 사용하지만 아이와 함께 먹는 요리에는 주로 시판 재래식 된장과 쌀누룩 된장을 애용해요. 시판 재래식 된장은 된장 특유의 쿰쿰한 냄새가 덜하고 감칠맛이 좋아요. 쌀누룩 된장은 쌀누룩 베이스로 만든 된장이라 염도가 낮고 맛이 구수해요. 쌀누룩으로 만드는 일본식 된장(미소)과 성분이 유사하여 미소 된장 대용으로도 사용하고, 일반 된장과 섞어서 찌개나 국을 끓이기도 해요.

CJ 해찬들 재래식 된장, 작은텃밭 쌀누룩 된장

○ **소금**

바닷물을 자연 증발시켜 만든 천일염을 사용해요. 천일염은 불필요한 정제를 하지 않아 미네랄이 풍부하며 천일염 특유의 풍미가 있어요. 일반 요리를 할 때에는 중간 입자를 사용하고, 배추나 무 등을 절일 때에는 굵은 입자를 사용해요.

백설 오천년의 신비 명품천일염

○ **멸치액젓**

멸치에 소금을 넣어 발효, 숙성을 하여 맑은 액만 남긴 것이 멸치액젓이에요. 맛이 깔끔하고 감칠맛이 뛰어나 다양한 요리에 사용하고 있어요. 김치뿐만 아니라 볶음, 무침, 드레싱, 다양한 양념에 활용할 수 있어요.

CJ 하선정 멸치액젓 골드

○ 참치액

참치액은 훈연 참치로 만든 소스류예요. 감칠맛이 좋은 양념이라 다양한 요리에 활용할 수 있어요. 하지만 훈연 참치 특유의 향이 강하기 때문에 너무 많은 양을 사용하면 재료 본연의 맛을 해칠 수 있으니 적절한 양을 사용하는 것이 좋아요.

사조 프리미엄 참치액

○ 새우젓

작은 새우를 소금에 절여 만든 젓갈이에요. 조금만 사용해도 요리의 감칠맛을 끌어올릴 수 있죠. 특히 돼지고기 요리에 잘 어울려요. 새우젓은 보통 소량 사용하니 장기간 보관하게 되는데 냉장 보관하면 계속 발효가 진행되어 맛이 변할 수 있어요. 냉장실보다는 냉동실에 보관하여 사용하길 추천해요.

전통시장에서 구입

단맛 낼 때

2

○ **설탕**

백설탕은 튀지 않는 깔끔한 단맛을 내기 때문에 식재료 본연의 맛을 살리며 단맛을 내기에 좋아요. 레시피에서 따로 표기하지 않은 것은 전부 백설탕을 사용했어요.

CJ 백설 하얀설탕

○ **매실청**

요리에 매실청을 자주 사용하는 편이에요. 단맛이 나는 요리를 할 때 신맛을 약간 더하면 입맛을 돋우어주고 요리의 풍미가 좋아지는데 그 역할을 매실청이 해줍니다. 매실청은 결혼 전에는 항상 친정 엄마와 함께 담가 먹었는데 지금은 작은텃밭 황매실청을 애용합니다. 질 좋은 광양 남고매실로 만들어 향긋하고 깊은 단맛이 나요.

작은텃밭 황매실청

○ **꿀**

단맛을 내며 꿀 특유의 풍미가 필요할 때 사용해요. 꿀은 종류에 따라 맛이 확연히 달라요. 요리용으로 사용할 때에는 향이 강하지 않은 아카시아꿀을 추천해요.

지리산 모향골 아카시아꿀

○ **물엿**

부드러운 단맛을 내며 요리에 윤기를 더할 때 사용하고 있어요.

오뚜기 옛날 물엿

**자주 사용하는
오일**

3

○ **올리브오일**

올리브를 처음 짜낸 질 좋은 엑스트라버진 올리브오일을 사용해요. 발연점
이 낮은 편이라 튀김을 제외한 모든 요리에 사용하기 좋아요.

데체코(DE CECCO) 엑스트라버진 올리브오일

○ **식용유**

식용유로는 아보카도오일을 사용해요. 발연점이 높아 볶음, 구이, 튀김 등
가열하는 요리에 안심하고 사용할 수 있어요. 특유의 향이 강하지 않아 모
든 요리에 두루 활용하기 좋아요.

초슨푸드(CHOSEN FOODS) 아보카도오일

○ **참기름, 들기름**

참기름과 들기름은 외갓집에서 보내준 것을 주로 사용해요. 가끔 시판 제
품도 사용하지만 방앗간에서 갓 짠 기름의 맛과 비교할 수 없더라고요. 참
기름은 직사광선이 들지 않는 서늘한 곳에 보관하고, 산패가 잘되는 들기
름은 가급적 냉장 보관해주세요.

기타 양념

4

○ 식초

양조식초는 가장 기본적인 식초예요. 특유의 향이 없고 깔끔한 신맛을 낼 수 있어 다양한 요리에 활용하기 좋아요. 양조식초는 요리뿐만 아니라 과일이나 채소를 세척할 때에도 사용합니다.

오뚜기 양조식초

○ 레몬즙

레몬을 직접 짜서 사용하는 것이 가장 좋지만 레몬이 없을 경우를 대비해 시판 레몬즙을 구비해두고 사용해요. 레몬의 향긋함을 더하면 맛있는 드레싱, 소스를 만들 수 있어요.

림미(LIMMI) 레몬 주스

○ 맛술

맛술은 단맛, 신맛이 있는 요리 술이에요. 청주와 마찬가지로 재료의 잡내를 제거해주는 역할을 하지만 도수가 낮고 단맛이 강해 서로 대체하여 사용하지는 않아요. 맛술은 제품마다 맛의 차이가 크기 때문에 맛술을 사용하는 레시피는 되도록 소개한 제품을 사용하면 좋아요.

오뚜기 미향

○ 청주

고기의 잡내나 생선의 비린내를 없앨 때 사용하고 청주 특유의 감칠맛이 있어 조미료 역할도 해줘요. 도수가 높기 때문에 센불에 알코올을 충분히 날린 뒤 요리해주세요.

청하

○ 쯔유

가쓰오부시, 다시마 등 감칠맛을 내는 재료를 넣어 만든 일본식 맛간장이에요. 시판 쯔유는 맛과 향, 농도, 염도 등이 확연하게 다르기 때문에 쯔유가 들어간 레시피는 입맛에 맞춰 양을 가감해주세요.

야마키(ヤマキ) 소바 쯔유

Everyday Dish

매일매일 건강하고 맛있게
일상 요리

담이를 낳고 주방에서 매일 음식을 하는 것이 일상이 되었어요. 외식보다는 집밥을 선호하게 되었고, 간편식보다는 조금 느리더라도 건강한 음식을 만들어 먹으려고 노력했어요. 아이로 인해 건강한 일상이 쌓이면서 저희 부부의 삶에도 활력이 더 생 겼답니다. 매일 반복되는 일상에서 자주 먹어도 질리지 않고 쉽게 만들 수 있는 요리 를 모았어요. 이 요리들로 인해 일상에 작은 여유가 생기길 바라요.

잡채밥

잡채를 좋아한다면 이 레시피를 지나치지 않았으면
좋겠어요. 일반적인 잡채보다 만들기 간단하고 덮밥
형태라 든든한 한 끼가 됩니다. 잡채의 맛이 밥을 폭
감싸도록 수분감 있게 만드는 것이 포인트예요.
이 레시피에는 담이가 좋아하는 납작한 당면을
사용했어요. 당면의 종류는 취향에 맞게 선택해주세요.
일반적인 당면은 불리는 시간을 단축할 수 있어요.

(INGREDIENT) 2인분

납작당면 200g

돼지고기(잡채용) 200g

양파 ½개

당근 ⅓개

대파 ½대

표고버섯 2개

식용유 3큰술

밥 2공기

소금 ¼큰술

통깨 적당량

양념
물 1+½컵
양조간장 3큰술
설탕 1+½큰술
다진 마늘 ½큰술
참기름 1+½큰술
소금 ⅓큰술
간 깨 적당량

① 납작당면을 미지근한 물에 2시간가량 불린다.

> 손톱으로도 쉽게 끊어질 정도로 충분히 불린다.

② 볼에 모든 양념 재료를 섞는다.

③ 양파와 버섯은 슬라이스하고 당근은 채 썬다.

④ 대파는 송송 썬다.

(TO COOK)

⑤ 식용유를 두른 팬에 양파와 송송 썬 대파를 넣고
   양파가 투명하게 익을 때까지 센불에 볶는다.

⑥ 돼지고기, 당근, 버섯을 더하여 중불에 볶는다.

⑦ 재료가 반 정도 익으면 2의 양념과 불린 당면을
   추가하여 중불에 5분간 익힌다.

> 당면이 부드럽게 익고 양념의 수분이 약간 남아 있을 정도로
> 익히는 것이 적당하다.

⑧ 밥 위에 잡채를 올리고 깨를 뿌려 완성한다.

TIP

돼지고기는 손질되어 있는 잡채용 돼지고기(등심)를 사용했어요. 손질
되지 않은 고기를 사용할 경우 채 썰어 사용해주세요. 기호에 따라 돼
지고기 부위는 자유롭게 사용해도 좋아요.

1

2

3

5

6

7

8

콩나물국

말갛게 끓인 콩나물국 한 그릇은 어느 반찬과 함께
내놓아도 손색이 없죠. 평범한 메뉴이지만 특별히 맛있게
끓이는 것도 쉽지 않아요. 이 레시피의 포인트는 무와
새우젓이에요. 특히 달큼한 겨울 무로 끓인 콩나물국을
먹으면 절로 "시원하다~"라는 말이 나올 거예요.
콩나물국이 반 정도 남았을 때 뚝배기에 옮겨 담아
노른자가 터지지 않도록 달걀을 얌전히 올려 뭉근히
끓이고, 삶은 오징어와 김가루를 더하면 콩나물국밥이
되는데요. 이 맛이 또 별미라 콩나물국을 남겨두고 종종
담이와 국밥 한 그릇씩 해 먹곤 합니다.

(INGREDIENT) 3인분

콩나물 300g

물 7-8컵

무 1토막(두께 1cm)

다진 마늘 ⅔큰술

새우젓 2큰술

국물용 멸치 10마리

대파 ½대

소금 적당량

① 무는 작게 토막 내고, 대파는 송송 썬다.
② 국물용 멸치는 내장을 제거한다.

TO COOK

③ 냄비에 물, 콩나물, 무, 멸치를 넣고 센불에 끓인다.
멸치를 다시망이나 티백에 넣어서 사용하면 건져내기 편하다.

④ 팔팔 끓기 시작하면 중불로 줄이고 15분간 끓인 뒤
멸치를 건져낸다.

⑤ 다진 마늘, 대파, 새우젓을 넣고 한소끔 끓인다.

⑥ 소금으로 간을 맞춘 뒤 완성한다.

TIP
냄비 뚜껑을 닫지 않고 끓여야 콩나물 특유의 비린 맛을 제거할 수 있
어요.

1

2

3

4

5

6

만능 고기 소스로 만든 양념갈비

양념갈비를 굽고 있으면 담이가 "맛있는 냄새가 나는데?"
하며 주방으로 쪼르르 달려와요. 양념갈비는 식탐이
많은 편이 아닌 아이도 홀리게 하는 메뉴예요. 담이가
양념갈비를 좋아해서 외식할 때 자주 먹었는데 이
레시피를 만들고 나서는 대부분 집에서 해 먹게 되었어요.
돼지 양념갈비를 만들 때에는 목살 부위를, 소 양념갈비를
만들 때에는 등심 부위를 사용합니다. 만능 고기 소스는
만들어두면 고기 요리에 다양하게 활용할 수 있어서 제가
붙인 이름이에요. 양념갈비는 물론 갈비찜, 소불고기, 간장
제육볶음 등에 활용할 수 있답니다.

(INGREDIENT) 3인분

소 등심 600g
만능 고기 소스 ½컵

만능 고기 소스 (5-6회분)
양조간장 ½컵
청주 ½컵
설탕 ½컵
매실청 ¼컵
참기름 ¼컵
양파 100g
무 100g
마늘 80g

만능 고기 소스

① 무와 양파는 토막 내고, 마늘은 꼭지를 도려낸다.

② 깊은 용기에 1의 채소와 나머지 양념 재료를 모두 넣고 핸드블렌더로 곱게 간다.

TO COOK

③ 등심은 칼을 비스듬히 눕혀 사선으로 앞뒤 모두 칼집 내어 손질한다.

④ 만능 고기 소스를 3의 손질한 등심에 골고루 발라 하룻밤 이상 냉장고에서 숙성시킨다.

⑤ 달군 팬에 재워둔 4의 고기를 노릇하게 구워 완성한다.

> 완성 후 갈비 표면에 토치로 불향을 입히면 숯불 양념 갈비의 풍미를 느낄 수 있다.

TIP

채소를 주재료로 만든 소스이기 때문에 시간이 조금 지나면 재료들이 분리되는 현상이 생겨요. 때문에 요리하기 전에 반드시 소스를 저어 사용해주세요. 위 레시피 고기 분량으로 요리를 하면 소스가 충분히 남을 거예요. 남은 소스는 오염되지 않도록 반드시 밀폐용기에 담아 냉장 보관해주세요. 한 달 정도는 거뜬합니다.

1　　　　　　　　　　　　　　　　　　*2*

3　　　　　　　　　　　　　　　　　　*4*

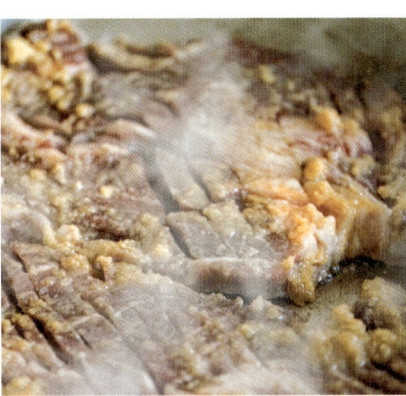

5

돈지루

돈지루는 돼지고기와 채소를 끓인 뒤 미소로 간을 한
일본식 된장국이에요. 일본식 된장인 미소는 쌀누룩을
사용해 부드럽고 달콤한 감칠맛이 나요. 저는 돈지루 끓일
때 미소 대신 쌀누룩 된장을 사용하는데요. 일반적인 한식
된장과 다르게 쌀누룩을 넣어 만들어 미소 된장과 비슷한
풍미를 낼 수 있답니다. 고기와 채소를 듬뿍 넣은 돈지루에
밥 한 공기 말아주면 담이는 한 그릇 뚝딱 맛있게 먹어요.
그리고 삶은 우동 면을 돈지루에 넣어 먹어도 별미이니
우동을 만들 때도 활용해보세요.

(INGREDIENT) 2-3인분

삼겹살 100g

물 4컵

무 1토막(두께1cm)

당근 ⅓개

양파 ¼개

마늘 3쪽

숙주나물 1줌

쪽파 2줄기

미소 된장 또는 쌀누룩 된장
2-3큰술

① 무, 당근, 양파를 작게 토막 낸다.

② 쪽파를 송송 썬다.

③ 마늘은 꼭지를 제거한다.

TO COOK

④ 냄비에 분량의 물, 무, 당근, 양파, 마늘, 삼겹살을 넣고
중약불에 20분간 끓인다.

⑤ 재료가 부드럽게 익으면 삼겹살을 가위로 잘게 자른다.

⑥ 숙주나물, 송송 썬 쪽파를 넣고 된장으로 간을 한 뒤
한소끔 끓여 완성한다.

TIP

우엉, 연근, 생강을 더하여 끓여도 맛있어요. 돈지루는 단단한 뿌리채소
와 잘 어울려요.

1   *3*   *4*

5

6

가지 된장구이

개인적으로 가지 요리를 참 좋아해요. 특히 가지가 제철인
여름이면 수분이 가득 찬 오동통한 가지로 요리하는
걸 즐겨요. 이 요리는 가지볶음, 가지찜 등 평범한 가지
요리가 물릴 때쯤 우연히 만들어본 레시피에요. 촉촉하게
구워진 가지에 달콤하고 짭짤한 된장 소스를 발라 한 번 더
구우면 감칠맛이 폭발해요. 처음 가지 된장구이를 만든 날,
그 자리에서 가지 두 개를 순삭했답니다. 간단하지만 꽤
근사해서 손님 초대 요리로도 손색없어요.

(INGREDIENT) 2인분

가지 2개

쪽파 2줄기

올리브오일 적당량

소금 약간

소스
된장 1큰술
매실청 1큰술
마요네즈 1큰술
설탕 ⅓큰술
참기름 ⅓큰술
다진 마늘 ¼큰술
간 깨 ½큰술

① 가지는 꼭지를 잘라내고 2㎝ 두께로 두툼하게 썬다.

② 쪽파는 송송 썬다.

③ 볼에 소스 재료를 모두 넣고 고루 섞어 소스를
　만든다.

TO COOK

④ 달군 팬에 올리브오일을 두르고 가지를 올려 소금으로
　밑간하여 중불에 앞뒤 노릇하게 굽는다.

⑤ 가지가 말랑하게 익으면 약불로 줄인 뒤 소스를
　숟가락으로 얹듯이 발라 가볍게 한 번 더 굽는다.

⑥ 접시에 담고 쪽파를 올려 완성한다.

TIP

가지는 기름을 잘 흡수하기 때문에 올리브오일을 처음부터 성급히 많이
두르지 말고 조금씩 추가해주세요. 가지가 익기 시작하면 표면이 촉촉해
지기 때문에 오일을 흥건히 두르지 않고도 적절하게 익힐 수 있어요.

1

2

3

4

5

6

소고기 미역국

담이와 남편이 미역국을 좋아해서 자주 끓이다 보니 알게
된 사실이 있어요. 미역국은 재료를 넉넉히 넣고 푹 끓여야
제맛이 난다는 것을요. 그래서 미역국을 끓일 때에는
일명 '곰솥'을 꺼냅니다. 꽤 많은 양의 미역국이 완성되면
2-3일 먹을 분량을 작은 냄비에 덜고 나머지는 소분해서
냉동실에 넣어둬요. 이렇게 미역국을 끓여두면 한동안
정말 든든해요. 이 레시피는 소고기를 육질이 부드러워질
정도로 푹 익힌 뒤 그 육수로 미역국을 끓이는 것이
포인트예요. 일반적인 미역국 레시피보다 조금 번거로울
수 있지만 정말 맛이 좋답니다.

(INGREDIENT) 15인분

소고기(사태 또는 양지) 600g

미역 60g

마늘 20쪽

들기름 2큰술

멸치액젓 1큰술

쌀누룩 간장 또는 국간장 2큰술

소금 1큰술

물 5ℓ

① 소고기는 6cm 길이로 토막 낸 뒤 찬물에 담가 15분
　정도 핏물을 제거한다.

② 미역은 먹기 좋게 잘라 물에 담가 불린 뒤 흐르는 물에
　씻고 채반에 밭쳐 물기를 제거한다.

③ 냄비에 물 2ℓ, 1의 소고기, 꼭지 제거한 마늘을 넣고
　끓인다.

④ 팔팔 끓으면 뚜껑을 3분의 2 정도 닫고 중약불로 줄여
　1시간 30분가량 고기가 부드러워질 때까지 끓인다.

　거품은 중간중간 건지기로 제거하면 좋다.

⑤ 소고기를 건져내 먹기 좋게 찢어두고 끓인 물은 육수로
　사용한다.

TO COOK

⑥ 큰 냄비에 2의 불린 미역, 들기름, 간장을 넣고 중불에
　미역이 초록빛이 날 때까지 가볍게 볶는다.

⑦ 준비한 육수와 물 3ℓ, 찢어둔 소고기를 넣고 센불에
　끓인다.

⑧ 팔팔 끓으면 중약불로 줄여 30분 정도 더 끓인 뒤
　멸치액젓, 소금으로 간하여 완성한다.

TIP

요리 환경에 따라 수분 증발량이 다르므로 분량의 소금을 한꺼번에 넣지
말고 조금씩 추가하여 간을 적당히 맞춰주세요.

1

3

4

5

6

7

8

새우 미역국

이번에는 10분이면 만들 수 있는 초간단 미역국이에요.
바쁜 아침이나 밥 차릴 시간이 부족할 때, 또는 밥하기
귀찮을 때에도 후다닥 만들어 밥 말아 먹기 좋더라고요.
새우를 넣으면 단백질을 섭취할 수 있으니 속도 꽤 든든할
거예요. 새우 말고도 바지락, 굴 등의 해산물을 넣어도
좋아요.

(INGREDIENT) 2-3인분

자른 미역 10g

칵테일새우 200g

물 5컵

참치액 1+½큰술

다진 마늘 ⅔큰술

참기름 ⅓큰술

① 볼에 자른 미역을 넣고 물을 충분히 부어 미역이
   부드러워지도록 5분 정도 불린다.

② 1의 미역을 채반에 담아 흐르는 물에 씻고 물기를
   제거한다.

③ 칵테일새우는 흐르는 물에 씻은 뒤 채반에 밭쳐 물기를
   제거한다.

④ 냄비에 참기름을 두른 뒤 2의 미역이 초록빛이 날
   때까지 중불에 20초 정도 볶는다.

⑤ 물, 3의 칵테일새우, 다진 마늘, 참치액을 넣고 센불에
   끓인다. 팔팔 끓으면 중불로 줄여 4-5분 더 끓여
   완성한다.

TIP

짧은 시간에 미역국을 끓일 때에는 자른 미역을 사용하는 것을 추천해
요. 자른 미역은 줄기가 여린 편이라 미역을 오래 끓이지 않아도 부드럽
답니다.

1   2   3

4   5

고등어 솥밥

고등어 솥밥은 가정 보육하던 시절 담이와 둘이 간단하게 자주 해 먹던 한 그릇 요리예요. 솥밥이란 게 다른 반찬 필요 없이 밥 하나로 한 끼를 해결하는 음식이잖아요. 게다가 들어간 수고에 비해 꽤 근사하죠. 이 레시피를 처음 SNS에 소개했을 때 비리지 않냐는 질문을 많이 받았는데, 저의 대답은 매번 똑같았어요. "매우 고급진 참치 볶음밥 같아요!" 고등어 솥밥을 만들었다면 조미김에 싸서 한번 먹어보세요. 궁합이 정말 좋아요.

(INGREDIENT) 2인분

쌀 1컵

고등어 필레 1조각(150g 내외)

양조간장 1큰술

청주 1큰술

쪽파 2-3줄기

물 적당량(불린 쌀과 같은 분량)

① 씻은 쌀에 물을 부어 30분간 불린 뒤 체에 밭쳐 물기를
   제거한다.

② 고등어 필레는 솥에 넣기 편한 크기로 토막 낸 뒤
   190도로 예열된 오븐에 15분간 굽는다.

③ 쪽파는 송송 썬다.

TO COOK

④ 솥에 불린 쌀과 물, 양조간장, 청주를 넣고 섞은 뒤 2의
   구운 고등어, 쪽파를 올려 센불에 가열한다.

⑤ 팔팔 끓기 시작하면 뚜껑을 닫고 약불로 줄인 뒤 8분,
   불을 끄고 8분 뜸을 들인다.

⑥ 고등어의 잔가시를 발라낸 뒤 젓가락으로 고등어 살을
   찢으면서 밥과 빠르게 섞어 고등어 덩어리가 거의
   보이지 않도록 만들어 완성한다.

TIP

솥밥이 뜨거울 때 섞어줘야 고등어 살이 부드럽게 잘 찢어져 밥에 풍미
가 잘 배어요.

1

2

3

4

5

6

참나물 바지락국

참나물은 미나릿과에 속하는 잎채소로 미나리만큼
향긋한 맛을 내요. 보통 샐러드나 무침으로 요리하는
경우가 일반적인데요. 저는 국물 요리에 활용하는 걸
추천합니다. 뽀얗게 끓여낸 바지락국에 참나물을 더하면
맛이 정말 개운해요. 참나물 바지락국을 끓이면 남편과
담이는 그릇째 들고 국물을 마시는데 그 모습을 보면 참
흐뭇하답니다.

INGREDIENT 2-3인분

바지락 400g

참나물 15줄기

마늘 2쪽

물 5컵

해감용 물

소금 적당량

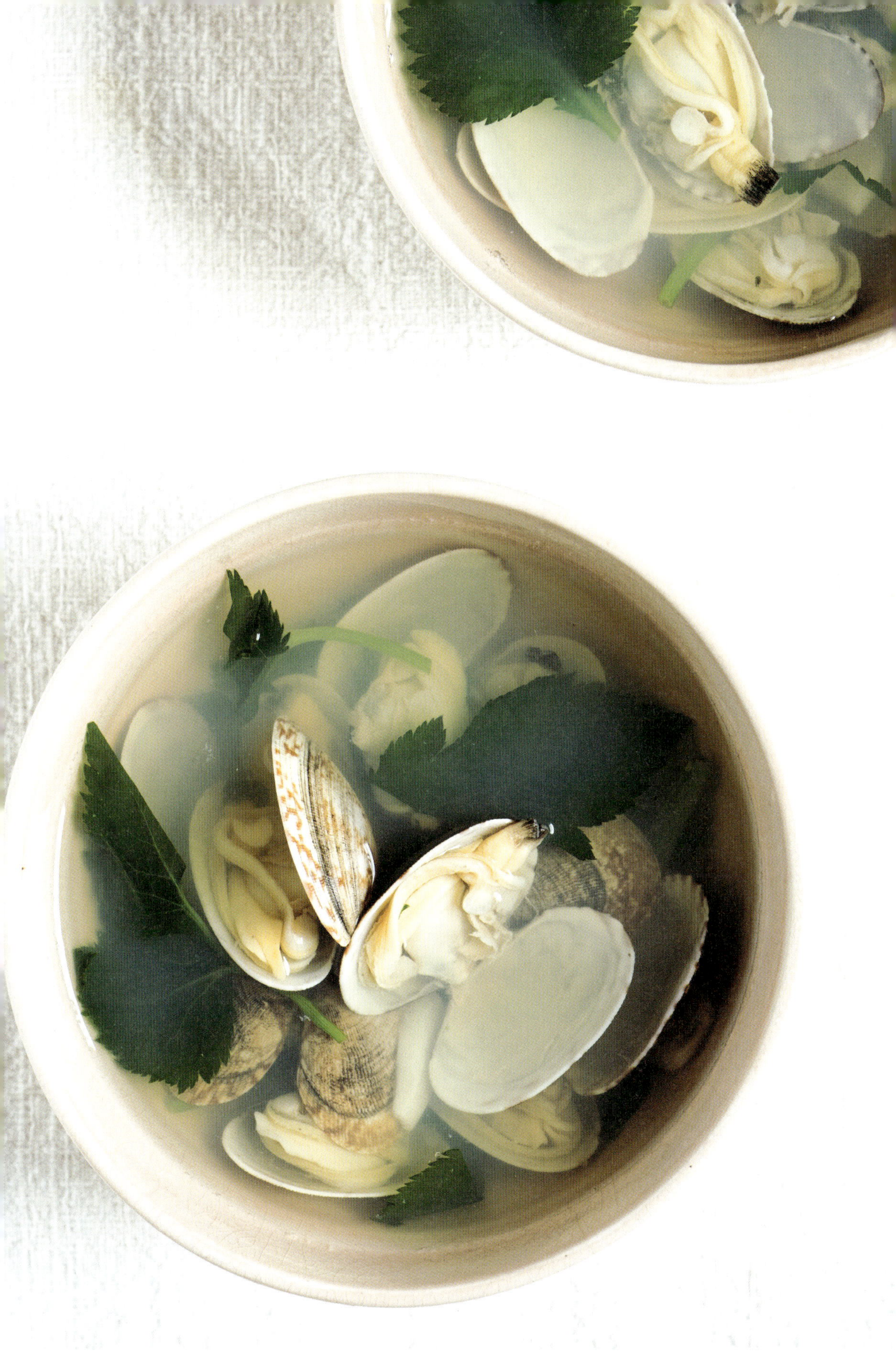

① 바지락을 해감한다.

> 물 1ℓ에 소금 2큰술을 넣고 어둡고 서늘한 환경에 3시간 정도 두면 해감이 된다.

② 마늘은 편 썰고, 참나물은 먹기 좋게 자른다.

TO COOK

③ 냄비에 물, 바지락, 마늘을 넣고 센불에 끓인다.

> 거품은 건지기로 제거하면 좋다.

④ 바지락 입이 벌어지면 참나물을 넣고 한소끔 끓인다.

⑤ 기호에 맞게 소금으로 간을 하여 완성한다.

TIP

바지락은 오래 끓이면 살이 질겨지니 가볍게 끓이는 것이 좋아요.

2

3

4

매생이 굴국

저희 집 겨울 특별식이에요. 제철 생굴과 매생이로
따뜻하게 끓여낸 매생이 굴국에 밥 한 그릇 말아 먹으면
속까지 포근해져요. 매생이 굴국을 먹을 때마다 느끼는
거지만 늘 "조미김 맛이 난다."라고 표현해요. 조미김을
좋아하는 담이는 익숙한 맛이라 그런지 매생이 굴국을
잘 먹어요. 모양새만 보면 어른들의 음식이라 생각할 수
있지만 한번 맛보면 의외로 아이들도 좋아할 거예요. 찬
기운을 이겨내고 단단히 여문 겨울 제철 식재료로 만든
매생이 굴국을 함께 먹을 때면 우리 세 식구도 단단해지는
것 같아 기분이 좋아지는 음식이에요.

(INGREDIENT) 2-3인분

굴 1컵(200g)	
매생이 1줌(200-300g)	
다진 마늘 ½큰술	
참치액 1큰술	
참기름 1큰술	
물 4컵	

① 굴은 깨끗이 씻은 뒤 채반에 밭쳐 물기를 제거한다.

> 물 5컵에 굵은소금 1큰술을 넣은 소금물에 여러 번 씻으면 이물질
> 제거에 도움이 되고 비린 맛이 줄어든다.

② 매생이는 깨끗이 씻어 불순물을 제거하고 채반에 밭쳐
물기를 제거한다.

TO COOK

③ 냄비에 물, 굴, 참치액, 다진 마늘을 넣고 센불에
끓인다.

④ 팔팔 끓으면 2의 매생이를 넣고 2분간 더 끓인 뒤
참기름을 둘러 완성한다.

TIP

매생이는 오랜 시간 끓이면 색이 탁해지고 식감과 맛이 저하되니 조리
시간을 꼭 지켜주세요.

1

2

3

4

두부조림

담이는 남편을 쏙 빼닮았는데 식성까지 비슷해서 둘
다 두부를 좋아하지 않아요. 두부를 좋아하는 저로서는
아쉬운 부분이죠. 식구들이 잘 안 먹으니 두부 요리를 잘
하지 않게 되는데 그래도 한 번씩 두부가 먹고 싶을 땐
두부 한 모를 전부 넣고 두부조림을 만들어 혼자 먹어요.
이 레시피를 SNS에 소개한 적이 있는데 아이와 맛있게 잘
먹었다고 (뿌듯하면서 부러운) 메시지를 많이 남겨주셨어요.
이 메뉴는 저희 아이는 잘 먹지 않지만 후기로 보장된
레시피인 만큼 자신 있게 소개해봅니다.

(INGREDIENT) 2인분

두부 1모(300g)

식용유 1큰술

통깨 적당량

양념
양조간장 1+½큰술
대파 1대
설탕 1큰술
다진 마늘 ½큰술
참기름 1큰술
물 ½컵

① 두부는 도톰하게 썰고 키친타월 위에 올려 물기를
   제거한다.

② 대파는 송송 썬다.

③ 오목한 볼에 2의 대파와 나머지 양념 재료를 모두 넣고
   섞는다.

TO COOK

④ 달군 팬에 식용유를 두르고 두부를 올려 중불에 앞뒤로
   굽는다.

⑤ 두부가 노릇해지면 양념을 붓고 잘박하게 조린다.

⑥ 불을 끄고 깨를 뿌려 마무리한다.

TIP

두부를 부칠 때 물기를 충분히 제거해야 기름이 덜 튀어요.

1

2

3

4

5

6

고사리나물

나물 중에 고사리나물을 가장 좋아해요. 특히 친정 엄마표 고사리나물을 좋아해서 먹고 싶을 때에는 항상 엄마에게 만들어 달라고 했었죠. 어느 날 이유식을 갓 졸업한 담이와 함께 식사를 하다가 친정 엄마가 만들어준 고사리나물을 조금 줘봤는데 맛있는지 계속 집어 먹더라고요. 고사리 같은 손으로 고사리를 계속 집어 먹던 모습이 어찌나 귀엽던지요. 그날 이후 엄마의 레시피를 빌려 직접 만들어 먹기 시작했는데, 아이가 좋아해서 자주 만들다 보니 점점 레시피가 간결해졌어요. 늘 멸치 육수를 넣어 고사리를 볶으셨던 엄마와 달리 저는 육수를 따로 만들지 않고 고사리를 볶을 때 물과 국물용 멸치를 함께 넣었다가 어느 정도 맛이 우러나면 멸치를 건져내요.

(INGREDIENT) 2-3인분

삶은 고사리 300g

식용유 3큰술

국물용 멸치 5마리

물 300㎖

양조간장 1큰술

멸치액젓 ½큰술

거피 들깻가루 1큰술

다진 마늘 ½큰술

들기름 1큰술

통깨 적당량

① 국물용 멸치의 내장을 제거한다.

② 삶은 고사리는 흐르는 물에 씻은 뒤 먹기 좋게 자른다.

TO COOK

③ 달군 팬에 식용유를 두르고 삶은 고사리, 양조간장, 다진 마늘을 넣어 중불에 볶는다.

④ 고사리가 양념에 코팅되도록 가볍게 볶은 뒤 물, 1의 멸치를 넣고 5분 정도 익힌다.

⑤ 육수가 자작해지면 멸치를 건져낸 뒤 들깻가루를 넣고 가볍게 볶는다.

⑥ 들기름과 통깨를 뿌려 완성한다.

TIP

삶은 고사리를 잘못 구입하면 쓴맛이 날 수 있기 때문에 요리하기 전에 먼저 고사리 맛을 확인하는 것이 좋아요. 고사리를 씹어보고 쓴맛이 나면 물에 넣어 한소끔 끓이고 완전히 식을 때까지 두면 쓴맛을 제거할 수 있어요.

명란 달걀말이

담이는 원래 달걀을 좋아하지 않았어요. 반면에 저는
달걀을 정말 좋아해서 아쉬운 마음이 컸죠. 담이와
함께 달걀을 즐기고 싶은 마음에 다양한 달걀 요리를
만들어봤는데, 명란 달걀말이가 아이에게 처음 합격점을
받은 요리예요. 이제는 다른 달걀 요리도 잘 먹지만
여전히 명란 달걀말이를 가장 좋아해요. 처음 명란
달걀말이를 만들 때 어떻게든 아이에게 관심을 끌고
싶어 하트 모양으로 만들어주기 시작했는데, 지금도 저희
집 달걀말이는 하트 모양이랍니다. 나중에 조금 크면
유치하다고 할 수도 있으니 좋아해줄 때 열심히 하트
모양으로 만들어주려고요.

(INGREDIENT) 2인분

달걀 4개

백명란 50g

미향 1큰술

식용유 적당량

① 명란은 반으로 잘라 칼로 살살 긁어 껍질을 제거한다.

② 볼에 달걀을 깨서 넣고, 명란, 미향을 추가하고,
   거품기로 명란 덩어리를 으깨면서 달걀물을 만든다.

   거품기가 없다면 포크를 사용해도 좋다.

③ 중약불로 달군 사각팬에 식용유를 두르고 달걀물을
   붓고 돌돌 말아 달걀말이를 만든다.

④ 완성한 달걀말이는 팬에서 꺼내 먹기 좋게 자른다.

   한 김 식힌 후 자르면 모양이 잘 유지된다.

TIP

달걀말이 한 토막을 사선으로 잘라 하나를 뒤집어 맞대면 하트 모양이 돼요.

1

2

3

4

T

애호박 삼겹살볶음

저는 어렸을 때 외할머니 음식을 정말 사랑했어요.
외갓집이 꽤 멀어 자주 가지는 못했지만 한 번씩 가게 되면
오래 머무르다 집으로 돌아왔던 기억이 나요. 늘 따뜻하게
안아주시는 할머니 품도 좋았지만 할머니의 요리가
맛있어서 외갓집에 가는 걸 좋아했던 것 같아요. 이 요리는
할머니가 고기를 좋아하는 저를 위해 삼겹살과 애호박을
볶아 반찬으로 내어주셨던 기억을 더듬어 만들었어요.
제가 어렸을 때 좋아했던 음식이니 담이에게도
맛보여주고 싶었거든요. 지금은 요양원에 계셔서 할머니가
해주시는 요리를 먹을 수는 없지만 할머니의 손맛을
아이와 함께 느낄 수 있음에 감사해요.

(INGREDIENT) 2인분

애호박 ½개
삼겹살 200g
새우젓 ⅔큰술
다진 파 1큰술
다진 마늘 ½큰술
식용유 1큰술
통깨 적당량

① 삼겹살과 애호박은 비슷한 크기로 채 썬다.

② 달군 팬에 식용유를 두르고 다진 파를 넣어
   파 기름을 낸 뒤 삼겹살을 중불에 볶는다.

③ 삼겹살에서 기름이 나오기 시작하면 애호박, 새우젓,
   다진 마늘을 넣고 애호박이 부드럽게 익을 때까지
   볶는다.

④ 그릇에 옮겨 담고 통깨를 뿌려 완성한다.

1

2

3

4

TIP

아이가 먹을 양(3분의 1 정도)을 덜어두고 어른들은 고춧가루 1큰술을 추가해서 가볍게 볶아 덮밥으로 먹는 걸 추천해요. 먹을 때마다 깜짝 놀라는 맛이에요.

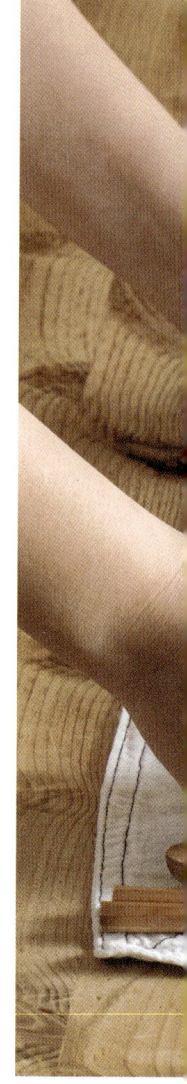

고등어 올린 팽이버섯 구이

모유 수유하던 시절 간단하게 단백질을 보충할 수 있는
버섯 구이를 자주 해 먹었는데 우연히 팽이버섯을
멸치액젓으로 간을 해서 오븐에 구워봤어요.
처음 이 요리를 먹었을 때 버섯에서 오징어 맛이 난다고
신이 났었죠. 이 맛에 푹 빠져 한동안 정말 자주 해
먹었어요. 담이가 조금 자라 밥을 먹기 시작하면서 함께
먹기 위해 고등어를 더하여 요리하다 보니 자연스럽게
지금의 '고등어 올린 팽이버섯 구이'가 만들어지게
되었어요.

(INGREDIENT) 2인분

팽이버섯 1봉지

고등어 필레 1조각(150g 내외)

양념
멸치액젓 ⅓큰술
올리브오일 1큰술

① 오븐용 접시에 양념 재료를 넣고 섞는다.

② 밑동 자른 팽이버섯을 가볍게 씻어 꽉 짠 뒤 양념에
버무린다.

> 물기를 꽉 짜야 노릇하고 꼬독한 식감의 맛있는 팽이버섯 구이를
> 만들 수 있다.

③ 양념에 버무린 팽이버섯을 넓게 펼친 뒤 손질한 고등어
필레를 올린다.

④ 180-190℃ 예열된 오븐에 10분 정도 노릇하게 구워
완성한다.

> 오븐 전력에 따라 온도와 굽는 시간을 조절한다. 보통 굽기 시작한
> 지 5분 정도 지나면 노릇해지기 시작하는데, 노릇해질 기미가
> 보이지 않는다면 온도를 올린다.

TIP

고등어 필레는 살만 먹기 쉽도록 큰 가시를 제거하여 손질되어 있지만
잔가시가 남아 있을 수 있으니 아이와 함께 먹을 때에는 주의해주세요.

1

2

3

고등어 카레 구이

고등어는 제가 워낙 좋아하기도 하고 담이도 잘 먹어서
꾸준히 식탁에 올리는 반찬이에요. 그런데 담이가
언제부터인가 고등어를 잘 안 먹더라고요. 아이가 잘
안 먹으니 자연스럽게 고등어 소비가 줄어든 어느 날,
냉동실에 굴러다니는 고등어를 해치우려고 구웠는데
약간 비린 맛이 나더라고요. 그 순간 그동안 비린 맛
때문에 안 먹었나 싶어 카레가루를 더해 고등어구이를
만들어보았더니 성공적이었어요. 요즘은 "생선구이
해줄까?" 하고 물어보면 담이가 먼저 "고등어 카레 구이!"
하고 외친답니다.

(INGREDIENT) 2-3인분

고등어 필레 2조각(300g 내외)

식용유 적당량

밀가루 또는 부침가루 4큰술

카레가루(순한 맛) ⅔큰술

① 넓은 접시에 분량의 밀가루, 카레가루를 담아 뭉친 데 없이 고루 섞어둔다.

② 고등어는 흐르는 물에 씻어 채반에 받쳐 물기를 제거하고 지느러미를 잘라낸다.

③ 손질한 고등어는 먹기 좋게 토막 내고, 1의 가루를 골고루 입힌다.

④ 중불로 달군 팬에 식용유를 두르고 고등어를 노릇하게 굽는다.

TIP

고등어는 너무 오래 구우면 살이 퍽퍽해져요. 겉은 바삭하고 속은 부드럽게 구우려면 고등어 필레 150g 사이즈 기준으로 4분 정도 굽는 것이 적당해요.

1

2

3

4

메추리알과 반숙 달걀장

따뜻한 밥 위에 달콤하고 짭짤한 반숙 달걀장을 올려 먹으면 밥 한 공기 뚝딱! 평소 즐겨 해 먹던 반숙 달걀장에 담이와 함께 먹기 좋게 메추리알을 더하여 만들기 시작했어요. 끓는 물에 메추리알과 달걀을 살포시 넣고 7분 30초 동안 삶으면 메추리알은 완전히 익고 달걀은 반숙으로 맛있게 익어요. 메추리알 껍데기를 벗기는 것이 조금 번거로울 수 있는데 아이에게 맡겨보세요. 손이 작아 그런지 어렵지 않게 제법 야무지게 벗겨내더라고요. 그리고 이건 비밀인데, 담이는 메추리알 먹는 것보다 껍데기 벗기는 것이 더 재밌다고 합니다. 아이와 함께 만들어보세요!

INGREDIENT 3인분

달걀 5개

메추리알 28개

양파 ¼개

쪽파 2줄기

식초 약간

양념

물 ½컵
양조간장 ½컵
설탕 ½컵
식초 ⅔큰술
다시마(5×3㎝) 1조각

① 양파는 굵게 다지고, 쪽파는 송송 썬다.

② 끓는 물에 달걀과 메추리알을 넣고 7분 30초 동안 삶은
   뒤 차가운 물에 식혀 껍데기를 벗긴다.

> 달걀을 삶을 때 식초를 한 바퀴 두르고 삶으면 껍데기에 금이 가
> 있어도 흰자가 응고되어 내용물이 퍼지지 않는다.

TO COOK

③ 냄비에 양념 재료를 모두 넣고 끓인다.

④ 팔팔 끓으면 다시마를 건지고 1의 양파와 쪽파를 넣고
   한소끔 끓으면 불을 끈다.

⑤ 밀폐용기에 삶은 달걀과 메추리알을 넣고 4의 양념을
   부어 완전히 식힌 뒤 냉장고에 넣어 하룻밤 숙성하여
   먹는다.

TIP

시판 깐 메추리알을 사용할 경우 흐르는 물에 깨끗이 씻은 뒤 채반에 밭
쳐 물기를 제거하고 양파와 쪽파를 넣는 과정에 메추리알을 넣어 요리해
주세요.

1

2

3

4

5

Weekend Dish

조금 더 근사하게 영양 만점
주말 요리

가족이 모두 모인 주말에는 왠지 특별한 요리를 하고 싶어져요. 주말 요리는 저에게
평일 동안 각자의 자리에서 수고한 가족들을 위해 주는 작은 선물 같은 거예요. 공들
여 요리한 음식을 식탁 위에 한 상 차리고 나면 저 또한 한 주를 잘 마무리한 느낌이
들죠. 주말에 집에서 요리를 해 먹다 보면 하루가 금방 흘러가지만 저는 이 시간들이
참 의미 있다고 생각해요. 어렸을 때 가족들이 모두 모여 식사를 했던 장면이 저에게
는 아직도 선명해요. 담이에게도 가족과 함께 식사하는 시간이 좋은 기억으로 남을
거라고 믿어요.

월남쌈과 바싹 불고기

채소를 풍성하게 먹을 수 있는 월남쌈. 냉장고에 있는 재료를
활용해서 혼자서도 단출하게 만들어 먹지만 남편과 아이와
함께 먹을 때에는 제대로 힘줘서 한 상 차리게 됩니다.
피시소스를 넣어 만든 월남쌈 소스는 새콤하고 감칠맛이
좋아요. 고수까지 더하면 베트남 현지의 맛과 비교해도
손색이 없죠! 월남쌈은 소스의 역할이 중요하기 때문에 직접
만든 소스만 있다면 특별하게 즐길 수 있어요. 구운 고기를
좋아하는 남편과 아이를 위해 바싹 불고기를 만들어 함께
내놓기 시작했는데 평소에 월남쌈을 즐기지 않던 남편도
이제는 좋아하는 요리가 되었어요.

(INGREDIENT)

월남쌈 소스 2인분

물 4큰술

피시소스 2큰술

설탕 3큰술

레몬즙 2큰술

청·홍고추 2-3개

고수 적당량

바싹 불고기 2인분

소고기 불고기용 400g

양념

간 무 2큰술
설탕 1큰술
참기름 1큰술
양조간장 ½큰술
매실청 ½큰술
소금 ¼큰술

월남쌈 소스

① 고추는 송송 썰고, 고수는 굵게 썬다.

> 고수는 특유의 향이 강한 허브이므로 취향에 따라 가감한다.
> 아이가 먹을 소스는 고추와 고수를 빼고 따로 준비한다.

② 볼에 1과 나머지 재료를 모두 섞는다.

TO COOK

바싹 불고기

③ 키친타월 위에 소고기를 올려 핏물을 제거한다.

④ 볼에 양념 재료를 모두 넣고 고루 섞는다.

⑤ 3의 소고기를 먹기 좋게 잘라 4에 넣고 조물조물 버무린다.

⑥ 넓은 프라이팬에 5의 소고기를 넣고 센불에 수분을 날리며 빠르게 바싹 구워 완성한다.

TIP

거의 다 구웠을 때 불고기 표면에 토치로 불향을 입히면 맛이 더 근사해요.

1

2

4

5

6

T

닭다리살 스테이크

재료도 만드는 방법도 단순하지만 만들어보면 깜짝
놀랄 거예요. 소고기 스테이크와 맞붙어도 손색없을
만큼 근사한 맛이거든요. 요리 초보도 맛있게 만들 수
있는 스테이크입니다. 신경 쓸 점은 딱 두 가지. 껍질이
황금빛이 될 때까지 인내심을 가지고 기다렸다가 뒤집을
것! 또 하나는 무지막지하게 튀는 기름을 예상하고 마음의
준비를 할 것! 닭다리살 표면의 수분을 충분히 제거하면
기름이 덜 튀니 너무 걱정하지는 마세요.

(INGREDIENT) 2인분

닭다리살 500g

버터 20g

올리브오일 3큰술

소금 ¼큰술

① 닭다리살을 흐르는 물에 씻고 키친타월로 물기를
　제거한 뒤 앞뒤로 소금을 뿌린다.

② 넓적한 그릇에 키친타월을 깔고 닭다리살의 껍질이
　바닥에 오도록 담아 30분간 냉장고에 둔다.

TO COOK

③ 달군 팬에 올리브오일을 두르고 껍질이 바닥을
　향하도록 닭다리살을 올려 중약불에 굽는다.

　껍질이 노릇하게 익도록 표면을 누르면서 굽는다.

④ 껍질이 황금색으로 변하고 노릇해지면 뒤집어서 마저
　익힌다.

⑤ 닭다리살이 다 익으면 버터를 팬 가장자리에 넣어 녹인
　뒤 숟가락을 사용하여 껍질 위에 여러 번 끼얹어준다.

　이렇게 하면 풍미가 올라간다.

⑥ 완성된 닭다리살 스테이크는 접시에 담고 취향에 따라
　홀그레인 머스터드 또는 소금, 후추 등을 곁들인다.

TIP

닭다리살을 구운 기름에 대파, 버섯, 당근 등 채소를 익혀 함께 곁들여도
좋아요.

1

2

3

4

5

6

찜닭

찜닭은 저희 가족이 좋아하는 외식 메뉴 중 하나였는데요. 팬데믹 시기에 담이를 출산하고 외식을 꺼리게 되면서 자연스럽게 집에서 만들어 먹게 되었어요. 직접 만들어 먹으면 내 입맛대로 만들 수 있다는 장점이 있죠! 저는 달콤한 양념이 촉촉하게 스며든 당면을 좋아해서 당면을 항상 푸짐하게 넣어요. 그리고 당면은 반드시 납작당면을 사용하는 것이 저희 집 찜닭의 공식인데요. 납작한 당면이 양념이 더 잘 배어 맛이 좋더라고요. 당면을 좋아하는 저와 담이는 찜닭을 만들면 당면 먼저 건지기 바쁘답니다.

(INGREDIENT) 3인분

절단 닭(닭볶음탕용) 1kg

납작당면 200g

양파 ½개

감자 2-3개

당근 ½개

쪽파 5줄기

물 4컵

양념
춘장 1큰술
식용유 1큰술
양조간장 ½컵
물엿 3큰술
설탕 2큰술
다진 마늘 2큰술
다진 생강 ⅓큰술
후춧가루 ⅓큰술

① 당면은 미지근한 물에 잠기도록 넣은 뒤 2시간가량
불린다.

  손톱으로 쉽게 끊어질 정도로 충분히 불린다.

② 양파, 감자, 당근은 큼직하게 썰고, 쪽파는 송송 썬다.

③ 닭은 날개 끝과 불필요한 지방을 떼어내고 흐르는 물에
씻는다.

④ 팬에 식용유와 춘장을 함께 볶은 뒤 나머지 양념
재료를 모두 넣고 섞어 양념을 만든다.

  춘장을 볶을 때 지글지글 기름이 끓기 시작하면 타지 않게 약불로
  줄여 10초 정도만 볶는다.

TO COOK

⑤ 냄비에 닭을 넣고 닭이 잠길 정도로 물을 충분히 채운
뒤 팔팔 끓으면 건져내 흐르는 물에 헹궈 불순물을
제거한다.

  닭은 표면이 익을 정도로만 살짝 데친다.

⑥ 팬에 데친 닭, 물 4컵, 준비한 양념, 손질한 감자와
당근을 넣고 센불에 끓인다.

⑦ 팔팔 끓어오르면 중불로 줄이고 15-20분가량 더
끓인다.

⑧ 손질한 양파, 쪽파의 3분의 2 분량, 불린 당면을 넣고
잘 저어가며 익힌다.

⑨ 오목한 접시에 완성된 찜닭을 담고 나머지 쪽파를 뿌려
낸다.

TIP

감자, 당근, 당면은 취향에 따라 양을 조절하세요.

1

2

3

4

5

6

7

8

9

장어 구이

노릇하게 초벌한 장어 구이에 달콤한 데리야키 소스를
덧발라 한 번 더 구워냈어요. 밥반찬으로도 좋고 덮밥으로
만들어 먹어도 정말 근사해요. SNS에 장어 구이 식단을
종종 공유했는데 "아이에게 장어 구이를 해주고 싶은데
잔가시 괜찮을까요?" "아이에게 먹여보고 싶은데 장어
구이는 도전하기 쉽지 않네요." 등의 메시지를 많이
받았어요. 장어는 대부분 손질된 상태로 판매하기 때문에
의외로 요리는 단순해요. 하지만 잘 굽는 게 관건이죠.
'더 이상 구우면 탈 것 같다.' 싶을 정도로 노릇하게 초벌할
것! 그 후에는 토치로 잔가시를 태울 것! 이것만 기억하면
완벽한 장어 구이를 만들 수 있어요.

(INGREDIENT) 2-3인분

민물장어 2마리

데리야키 소스 적당량

통깨 적당량

유장
참기름 1큰술
양조간장 ⅓큰술

데리야키 소스
양조간장 ½컵
청주 ½컵
물엿 ½컵
설탕 2큰술
레몬즙 ⅔큰술
생강 5g

데리야키 소스

① 생강을 슬라이스한다.

② 냄비에 1의 생강과 나머지 재료를 모두 넣고 센불에서
  끓어오르면 약불로 4-5분 정도 더 끓여 식힌다.

③ 밀폐용기에 넣어 냉장 보관하여 먹는다.

> 3개월간 보관 가능하다.

TO COOK

장어 구이

④ 장어를 흐르는 물에 가볍게 씻은 뒤 키친타월로 살짝
  눌러 물기를 제거한다.

⑤ 볼에 유장 재료를 넣고 섞는다.

⑥ 준비한 장어에 앞뒤로 5의 유장을 바른다.

⑦ 팬에 장어의 껍질이 바닥에 닿도록 올려 중불에
  굽는다.

⑧ 장어가 구부러지지 않도록 무거운 접시나 뚜껑으로
  눌러가며 앞뒤 노릇하게 구워 초벌한다.

⑨ 살 부분의 잔가시는 토치로 제거한다.

⑩ 약불로 줄이고 앞뒤 모두 데리야키 소스를 2-3번
  덧발라 구워 완성한다.

⑪ 먹기 좋게 잘라 접시에 담고 통깨를 뿌려 마무리한다.

TIP

초벌한 뒤 토치로 불을 입히는 과정은 번거롭더라도 꼭 빼먹지 마세요.
표면의 잔가시가 제거되어 식감도 좋아지고 숯불 장어 구이와 같은 풍미
를 더할 수 있어요.

1

2

3

4

5

6

8

9

10

11

닭한마리

담이의 면역력을 높이고 싶을 때 보양식으로 자주 해
먹었던 음식이에요. 담이가 두 돌도 채 안 되었을 때부터
만들기 시작했는데 그때는 부드러운 영계로 요리했어요.
이제는 꽤 자라 닭볶음탕용 육계로 요리해야 세 식구
든든하게 먹을 수 있답니다. 어느 날 남편이 닭한마리
전문점에서 주는 소스도 함께 먹으면 좋을 것 같다고
해서 소스를 만들어보았는데, 역시 함께 먹으니 더
맛있더라고요. 그리하여 더욱 완벽해진 레시피가 있으니
이제 닭한마리 먹으러 식당 가는 건 조금 아까운 기분이 들
정도예요.

(INGREDIENT) 2-3인분

절단 닭(닭볶음탕용) 800g

된장 ⅓큰술

소금 ⅓큰술

대파 1대

마늘 12쪽

찹쌀 2큰술

후춧가루 약간

물 7컵

닭한마리 소스
식초 2+½큰술
양조간장 2큰술
설탕 2큰술
다진 마늘 1큰술
고춧가루 ½큰술
연겨자 ½큰술
물 2큰술
부추 적당량
양배추 적당량

닭한마리 소스

① 오목한 볼에 부추, 양배추를 제외한 닭한마리 소스
재료를 모두 넣어 섞어둔다.

② 부추는 3cm 길이로 썰고, 양배추는 채 썬다.

③ 1과 2를 섞는다.

> 먹기 직전에 섞어야 물이 생기지 않고 채소를 아삭하게 먹을 수
> 있다.

TO COOK

닭한마리

④ 닭은 흐르는 물에 씻어둔다.

⑤ 대파는 냄비에 들어갈 정도로만 자르고, 마늘은 꼭지를
도려낸다.

⑥ 냄비에 4와 5, 그리고 나머지 재료를 모두 넣고
센불에서 팔팔 끓으면 중불로 줄이고 20분 더 끓여
완성한다.

> 팔팔 끓을 때 떠오르는 불순물은 건지기로 제거한다.

⑦ 준비한 닭한마리 소스와 곁들인다.

TIP

먹다가 국물이 남으면 육수에 물을 추가하여 칼국수를 끓여보세요. 새
우, 바지락, 애호박 등이 있다면 추가해도 좋고 소금 간으로만 마무리해
도 근사한 칼국수를 만들 수 있어요.

1   5   6

7   T

토마토 스튜

특별한 우리집 여름 보양식. 나만의 여름 보양식이 있다는
것에 해마다 만들 때면 어깨가 으쓱해져요. 달콤한 제철
방울토마토와 채소, 소고기를 넣고 뭉근하게 끓인 스튜는
여름 더위에 잃어버린 입맛을 되찾아줄 거예요. 빵과 함께
내어보세요. 근사한 브런치가 된답니다.

INGREDIENT 3인분

방울토마토 300g

소고기 200g

바지락 200g

양파 1개

샐러리 ½줄기

애호박 ½개

올리브오일 4큰술

토마토 페이스트 3큰술

드라이 오레가노 ⅓큰술

파르메산 치즈 20-30g

물 3컵

소금 적당량

후추 적당량

① 방울토마토는 꼭지를 제거하여 4등분하고, 양파는
   굵게 다진다.

② 소고기와 애호박은 한입 크기로 자른다.

③ 샐러리는 섬유질을 벗긴 뒤 잘게 토막 낸다.

④ 바지락은 해감한다.

> 물 1ℓ에 소금 2큰술을 넣고 어둡고 서늘한 환경에 3시간 정도 두면
> 해감이 된다.

TO COOK

⑤ 냄비에 올리브오일, 다진 양파를 넣고 양파가
   캐러멜색을 띨 때까지 중약불에서 10분간 볶아준다.

⑥ 소고기, 드라이 오레가노를 넣고 소금 간하여 볶는다.

⑦ 소고기 겉면이 익으면 방울토마토, 토마토 페이스트를
   넣고 가볍게 볶는다.

⑧ 샐러리, 애호박, 물을 넣고 중불에서 30분간 끓인다.

⑨ 재료가 푹 익으면 바지락을 넣고 끓인다.

⑩ 바지락이 입을 열면 파르메산 치즈를 갈아서 넣고,
   소금과 후추로 간을 하여 완성한다.

TIP

취향에 맞게 신선한 올리브오일과 허브를 곁들이면 더욱 근사한 스튜를
즐길 수 있어요.

1

2

3

3

5

6

7

8

9

10

버섯 수프

가을이 찾아오면 끓이고 싶어지는 수프예요. 버섯은
가을이 제철이라 이맘때 수프로 끓이면 더 맛있게 먹을 수
있어요. 일교차가 심해지는 가을의 주말 아침, 찬 기운이
도는 주방에서 버섯 수프를 끓이며 집 안에 온기를 채운 뒤
늦잠 잔 아이와 함께 따뜻한 수프 한 그릇으로 시작하는
주말은 꽤 근사합니다.

(INGREDIENT) 3-4인분

양송이버섯 6개

표고버섯 3개

양파 1개

감자 2개

올리브오일 2큰술

버터 50g

우유 500㎖

물 400㎖

소금 적당량

후추 적당량

그라나파다노 치즈 적당량

이탈리안 파슬리 약간

① 감자와 양파는 슬라이스한다.

② 버섯은 모두 슬라이스한다.

TO COOK

③ 냄비에 올리브오일, 버터를 넣고 양파를 중약불에
　　볶는다.

④ 양파가 캐러멜색을 띠면 버섯을 넣고 볶는다.

⑤ 버섯이 익으면 준비한 감자와 물을 넣고 센불로
　　끓인다.

⑥ 감자가 푹 익고 수분이 반 정도 줄어들면 불을 끈다.

⑦ 6에 우유를 붓고 블렌더로 곱게 간다.

⑧ 다시 냄비에 옮겨 그라나파다노 치즈를 갈아 넣고,
　　소금과 후추로 간을 한 뒤 한소끔 끓여 완성한다.

⑨ 완성된 수프를 그릇에 담고 취향에 맞게 그라나파다노
　　치즈, 후추, 이탈리안 파슬리를 뿌린다.

TIP

냄비 바닥에 수프가 눌어붙지 않도록 고루 저어가며 끓여주세요.

2

3

4   5   6

7   8

9

돼지고기 수육

돼지고기 수육은 신선한 돼지고기만 있다면 누구나
맛있게 만들 수 있는 쉬운 요리예요. 다만 삶는 시간을 잘
지켜야 부드러운 수육을 만들 수 있어요. 수육용 고기는
취향에 따라 선택하면 되는데 저는 담백하고 부드러운
앞다리살을 선호해요. 수육용 앞다리살을 고르는 팁은
마트에 진열되어 있는 고기 중에 지방이 어느 정도 있고
껍질이 붙어 있는 것을 추천해요. 앞다리살로 수육을
하면 국물도 맛있게 먹을 수 있어요. 수육과 건더기를
모두 건져낸 국물에 된장을 더 넣고 간을 한 뒤 취향에
맞게 애호박, 두부 등을 넣어 끓이면 맛있는 된장국이
완성됩니다. 돼지고기 수육을 만들 때 곁들이면 좋은
새우젓 소스와 무생채도 함께 만들어보세요.

INGREDIENT 2-3인분

돼지 앞다리살 600g

물 10컵

대파 1대

마늘 10쪽

된장 ½큰술

소금 ⅓큰술

후춧가루 ¼큰술

양념 새우젓

새우젓 1큰술
사이다 2큰술
다진 마늘 ¼큰술
설탕 ¼큰술
송송 썬 파 적당량

무생채

무 500g
고춧가루 3큰술
멸치액젓 2큰술
설탕 1+½큰술
매실청 1큰술
다진 마늘 1큰술
통깨 1큰술

양념 새우젓

① 분량의 재료를 모두 섞는다.

무생채

② 무를 채 썰어 분량의 재료를 넣고 버무린다.

TO COOK

③ 앞다리살을 흐르는 물에 씻고 냄비에 넣는다.

④ 분량의 물, 대파, 마늘, 된장, 소금, 후춧가루를 넣고 센불에 끓인다.

⑤ 팔팔 끓으면 중불로 줄이고 40분 동안 삶는다.

⑥ 삶은 수육은 건져내 얇게 썰고 준비한 무생채와 양념 새우젓을 곁들인다.

TIP

파와 마늘을 건져낸 뒤, 된장을 조금 더 넣고 애호박, 두부 등을 더해 된장국으로 끓여도 좋아요.

Noodle
Dish

후루룩 후루룩 한 그릇 뚝딱
면 요리

담이에게 뒤늦게 밥태기가 찾아왔는데 말 그대로 밥만 거부하더라고요. 처음에는
당황했지만 면으로 만든 음식은 곧잘 먹어서 면 요리를 부지런히 만들기 시작했어
요. 다행히 제가 누들러버라 아이와 다양한 면 요리를 함께 먹는 것이 제법 즐거웠어
요. "피할 수 없으면 즐겨라."라는 말이 있죠? 피할 수 없어서 즐겼던 면 요리들을 모
아봤습니다.

시금치 페스토 카르보나라

카르보나라는 담이가 가장 좋아하는 음식 중 하나예요.
뭐 먹고 싶냐고 물어보면 대부분 "카~르보나라!"를
외치죠. 카르보나라만 먹어도 맛있지만 겨울이면
시금치 페스토를 만들어 올려 먹는 걸 좋아해요. 겨울
시금치는 맛이 달아 연례행사처럼 시금치 페스토를 꼭
만들어두는데, 카르보나라를 만들 때 활용하기 좋아요.
노란 카르보나라에 초록빛의 시금치 페스토를 올리면
알록달록 색감이 귀여워 기분도 좋아져요.

(INGREDIENT) 2인분

링귀네 180g

마늘 12쪽

베이컨 100g

화이트 와인(청주로 대체 가능)
2큰술

면수 2국자

올리브오일 적당량

소금 적당량

후추 적당량

하드 치즈 적당량

시금치 페스토 적당량

소스
달걀 노른자 4개
간 파르미지아노 레지아노 치즈
(다른 하드 치즈로 대체 가능) 20g
후추 약간

시금치 페스토
시금치 200g
잣 20g
간 파르미지아노 레지아노 치즈
(다른 하드 치즈로 대체 가능) 40g
소금 ⅓큰술
올리브오일 100g

시금치 페스토

① 끓는 물에 시금치를 데치고 채반에 펼쳐 식힌다.

② 손으로 꽉 짜 수분을 제거하고 적당한 길이로 자른다.

③ 잣은 마른 팬에 약불로 살짝 노릇해지도록 굽는다.

④ 3과 4와 나머지 재료를 모두 넣고 블렌더에 갈아 완성한다.

냉장 보관하여 7일 안에 먹는 것이 좋다.

소스

⑤ 볼에 분량의 재료를 모두 넣고 섞어 소스를 만든다.

1

2

3

4

5

⑥ 마늘은 편 썰고, 베이컨은 먹기 좋은 크기로 자른다.

⑦ 끓는 물에 소금을 넣고 링귀네를 삶아 체에 밭쳐
물기를 제거한다.

> 소금은 물 양의 1%를 넣고, 삶은 물은 면수로 사용한다.

TO COOK

⑧ 달군 팬에 올리브오일 4큰술을 두르고 약불에 마늘을
볶다가, 베이컨을 넣고 중불에 볶는다.

⑨ 마늘과 베이컨이 노릇하게 익으면 화이트 와인을 넣고
센불에 알코올을 날리며 가볍게 한 번 더 볶는다.

⑩ 삶은 링귀네, 면수, 올리브오일 1큰술을 넣고 면에 맛이
배도록 섞으면서 약불에 볶는다.

⑪ 수분이 거의 날아가면 불을 끄고 한 김 식힌 뒤 5의
소스를 넣고 고루 섞어 완성한다.

> 뜨거운 팬에 소스를 바로 넣으면 달걀이 익을 수 있으니 반드시 한
> 김 식혀 소스와 섞는다. 어렵게 느껴진다면 소스가 담긴 볼에 면을
> 옮겨서 섞어줘도 괜찮다.

⑫ 접시에 카르보나라를 담고 시금치 페스토, 하드 치즈,
후추, 올리브오일을 취향에 맞게 올려 마무리한다.

TIP

하드 치즈는 그라나파다노, 파르미지아노 레지아노, 페코리노 로마노 치
즈 중에 고르면 되는데, 적은 순서대로 향과 맛이 진해지니 취향에 맞게
사용하세요.

6

9

10

11

12

고등어 파스타

아이 있는 집에는 냉동실에 고등어 필레를 쟁여두는
경우가 많죠. 저희 집도 마찬가지예요. 밥반찬이 마땅치
않을 때 하나씩 구워 한 끼를 해결할 수 있지만 조금
특별한 식사를 하고 싶을 때에는 고등어 파스타를
만들어요. 보기에도 좋고 맛도 근사합니다. 저는 이
파스타를 만들 때 꼭 딜을 넣어요. 딜은 상쾌한 향이 나는
허브로, 생선의 비린 맛을 제거해주고 요리의 풍미를
끌어올려주죠. 없다면 안 넣어도 무방하지만 좀 더 완벽한
고등어 파스타를 만들고 싶다면 딜을 사용해보세요.

(INGREDIENT) 2인분

링귀네 180g
고등어 필레 2조각(300g)
애호박 ½개
대파 1대
마늘 6쪽
청주 4큰술
멸치액젓 2큰술
면수 2국자
레몬 ½개
올리브오일 적당량
딜 2줄기
그라나파다노 치즈 적당량
소금 적당량

PREPARE

① 고등어는 흐르는 물에 가볍게 씻은 뒤 물기를
   제거한다.

② 대파는 송송 썰고, 마늘은 편 썬다.

③ 애호박은 반달 모양으로 썬다.

④ 딜은 굵은 줄기를 제거하고 이파리만 떼어둔다.

⑤ 끓는 물에 소금(물의 1%)을 넣고 링귀네를 삶아 체에
   밭쳐 물기를 제거한다.

   | 삶은 물은 면수로 사용한다.

TO COOK

⑥ 달군 팬에 올리브오일 3큰술을 두르고 고등어 필레를
   껍질 쪽부터 바닥에 닿게 올려 중불에 앞뒤 노릇하게
   굽는다.

⑦ 고등어가 익으면 건져내고 고등어 구운 팬에
   올리브오일을 1큰술 추가하여 대파, 마늘을 넣고
   약불에 볶는다.

⑧ 7이 노릇해지면 애호박, 멸치액젓, 청주, 딜 1줄기를
   넣고 애호박이 익을 때까지 중불에 볶는다.

⑨ 삶은 링귀네, 면수 2국자, 간 그라나파다노 치즈
   2큰술을 넣고 면에 맛이 배도록 볶는다.

⑩ 접시에 9의 파스타와 구운 고등어를 담고 올리브오일,
   그라나파다노 치즈, 딜, 레몬즙을 취향에 맞게 올린 뒤
   그레이터로 레몬 껍질을 갈아 뿌려 마무리한다.

TIP

고등어 살을 곱게 발라 파스타에 고등어의 풍미가 배도록 비벼 먹으면
더 맛있게 고등어 파스타를 즐길 수 있어요.

1

2

3

5

6

7

8

9

10

고사리 파스타

고사리나물을 만들면 한 끼는 꼭 고사리 파스타를
만들어 먹어요. 만들어둔 고사리나물만 있다면 고사리
파스타를 만드는 건 일도 아니거든요. 파스타를 삶아
양념에 버무리기만 하면 되니 정말 쉽죠. 면은 카펠리니를
사용해야 고사리 파스타의 진면목을 느낄 수 있어요.
카펠리니는 소면 정도 굵기의 얇은 파스타인데 따로 볶지
않아도 면에 양념이 충분히 배고, 고사리나물 특유의
식감을 충분히 느끼며 먹을 수 있답니다.

(INGREDIENT) 2인분

고사리나물 200g

카펠리니 120g

간 깨 적당량

소금 적당량

양념
멸치액젓 1큰술
매실청 1큰술
설탕 ⅔큰술
들기름 4큰술

① 끓는 물에 소금(물의 1%)을 넣고 카펠리니를 삶아 체에
   밭쳐 물기를 제거한다.

② 양념 재료는 모두 섞어둔다.

TO COOK

③ 접시에 만들어둔 양념을 붓고 삶은 카펠리니를 넣는다.

④ 3에 고사리나물을 더해 잘 섞는다.

   고사리나물 만드는 법 84쪽 참고

⑤ 간 깨를 듬뿍 뿌려 완성한다.

TIP

파스타 면은 보통 100g 내외를 1인분으로 잡는데, 이 레시피는 고사리 양
이 꽤 많이 들어가서 면의 양을 줄였어요. 파스타 반, 고사리 반이라고 생
각하고 만들어야 고사리 식감을 충분히 느끼면서 맛있게 먹을 수 있어요.

1

3

4

5

바지락 칼국수

이 레시피의 포인트는 바지락을 넣는 타이밍이에요.
식감에 예민한 아이들은 바지락이 조금만 질겨도 안 먹기
때문에 적당히 잘 익히는 게 중요해요. 칼국수 면은 보통
5분 정도 끓이면 익는데 중간 정도 익었을 때 바지락을
넣어 칼국수를 마저 익히면 바지락이 입을 벌리고 딱
알맞게 익어요. 바지락을 오래 끓이지 않아도 국물에 맛이
충분히 배어나니 바지락 맛이 덜 나지 않을까 하는 걱정은
하지 않아도 된답니다.

(INGREDIENT) 2-3인분

바지락 500g

칼국수 면 300g

애호박 ½개

다진 마늘 1큰술

대파 ½대

소금 ½큰술

멸치 육수
물 8컵
다시마(5×3㎝) 2조각
국물용 멸치 10마리

멸치 육수

① 국물용 멸치는 내장을 제거한다.

② 냄비에 1의 멸치와 나머지 육수 재료를 모두 넣고 센불에 끓인다.

③ 팔팔 끓으면 다시마는 건져낸 뒤 중불로 줄여 15분간 더 끓인다.

④ 멸치를 건져내고 맑은 육수만 사용한다.

TO COOK

⑤ 애호박은 반달 모양으로 썰고, 대파는 송송 썰어둔다.

⑥ 끓는 육수에 애호박, 칼국수 면, 다진 마늘을 넣어 센불에 익힌다.

⑦ 약 2분 후 칼국수가 끓어오르면 바지락을 넣고 3-4분 정도 더 끓여 재료를 완전히 익힌다.

⑧ 대파를 넣고 소금 간하여 완성한다.

> 바지락이 입을 벌리면 칼국수 면이 익었는지 확인하고 즉시 불을 끈다.

TIP

시판 칼국수 면은 국수가 서로 붙지 않도록 덧가루가 묻어 있어요. 그대로 넣으면 국물 맛이 텁텁해지니 면을 삶기 직전에 물에 가볍게 씻어낸 뒤 사용해주세요.

1

2

3

4

5

6

7

8

간장 비빔국수

여름의 시작과 함께 부지런히 해 먹어야 하는 음식 중에
하나가 바로 비빔국수예요. 간장 비빔국수는 새빨간
양념의 비빔국수와는 또 다른 매력이 있답니다. 이
레시피는 오이를 잘게 채 썰어 양념에 미리 넣고 버무리는
것이 포인트인데요. 이렇게 하면 양념에 오이의 향이 배어
비빔국수 맛이 한껏 싱그러워집니다. 오이 향이 밴 달콤한
비빔국수는 무더위에도 입맛을 돋우게 해줄 거예요.

INGREDIENT 2인분

소면 200g

오이 ⅔개

간 깨 적당량

양념
양조간장 2큰술
설탕 1큰술
매실청 1큰술
참기름 2큰술
간 깨 1큰술

① 오이를 잘게 채 썰어 양념 재료와 고루 섞는다.

② 끓는 물에 소면을 삶은 뒤 찬물에 비벼서 헹구고
   손으로 꽉 짜 물기를 제거한다.

③ 삶은 소면을 1에 넣고 조물조물 버무린다.

④ 그릇에 담고 간 깨를 뿌려 완성한다.

TIP

취향에 맞게 김가루, 명란, 삶은 달걀 등을 곁들여주세요.

1

2

3

4

들기름 막국수

고소한 들기름에 감칠맛을 더해 중독성 있는 막국수! 제가
우스갯소리로 남편에게 "이 막국수 한 번도 안 만들어본
사람은 있어도 한 번만 만든 사람은 없을걸?"이라고 말할
정도로 애정하는 레시피예요. 이 막국수를 처음 만들어
먹었던 해에는 틈만 나면 들기름 막국수를 해 먹으려고
메밀국수 면을 매번 장바구니에 담았던 기억이 나요.
담이가 너무 어려 내 식사 한 끼도 해결하기 버거웠던
시절, 간단하게 해 먹을 수 있어서 좋았던 그때의 추억이
떠오르는 특별한 메뉴예요. 지금은 많이 자란 아이와 함께
먹을 수 있어서 더 소중합니다.

INGREDIENT 2인분

메밀국수 면 200g

김가루 적당량

간 깨 적당량

양념

양조간장 ⅔큰술
멸치액젓 ⅔큰술
설탕 ⅔큰술
매실청 ⅔큰술
들기름 4큰술
간 깨 적당량

① 볼에 분량의 양념 재료를 모두 넣고 섞는다.

② 끓는 물에 메밀국수 면을 삶아 찬물에 헹군 뒤 체에
밭쳐 물기를 제거한다.

③ 1의 양념에 2의 메밀국수 면을 넣고 버무린다.

④ 그릇에 담고 김가루와 간 깨를 충분히 뿌려 완성한다.

1

2

3

4

달래 넣은 봉골레

봄이 오면 언제나 만들어 먹는 파스타예요. 제철 맞아
향긋한 달래와 살이 오른 봄 바지락으로 만든 봉골레는
봄기운을 듬뿍 섭취하는 기분이 들게 하죠. 달래는 마늘과
비슷한 점이 많아요. 성질이 따뜻하고 생으로 먹으면
알싸하지만 익히면 매운맛이 사라지고 달콤해지죠.
파스타에 기본으로 들어가는 마늘처럼 달래도 파스타와
무척 잘 어울립니다. 매운맛이 나는 알뿌리와 흰 줄기
부분은 볶아서 사용하고, 녹색 잎 부분은 볶지 않고 맨
마지막에 올려 마무리하는 것이 포인트예요.

(INGREDIENT) 2-3인분

링귀네 200g

바지락 600g

달래 ½줌

면수 2국자

마늘 6쪽

청주(화이트 와인으로 대체 가능)
4큰술

소금 적당량

후추 적당량

올리브오일 적당량

① 바지락을 해감한다.

> 물 1ℓ에 소금 2큰술을 넣고 어둡고 서늘한 환경에 3시간 정도 둔다.

② 달래는 알뿌리와 흰 줄기, 녹색 잎 부분을 분리하여
   송송 썬다.

③ 마늘은 편 썬다.

④ 끓는 물에 소금(물의 1%)을 넣고 링귀네를 삶아 체에
   밭쳐 물기를 제거한다.

> 삶은 물은 면수로 사용한다.

TO COOK

⑤ 달군 팬에 올리브오일을 3큰술 두르고 준비한 마늘,
   달래 알뿌리와 흰 줄기를 약불에 볶는다.

⑥ 마늘이 노릇해지면 바지락, 청주를 넣고 센불에
   알코올을 가볍게 날린 뒤 중불로 줄여 뚜껑을 덮는다.

⑦ 바지락이 입을 벌리면 삶은 링귀네, 면수,
   올리브오일을 1큰술 추가해서 면에 맛이 배도록
   골고루 볶는다.

⑧ 완성된 봉골레를 그릇에 담고 달래의 녹색 잎을 올린
   뒤 취향에 맞게 올리브오일, 후추로 마무리한다.

TIP

달래를 생으로 먹으면 매울 수 있으니 아이가 먹을 봉골레는 7번에서 마
무리해주세요.

1

2

5

6

7

8

볶음우동

볶음우동은 냉장고 속 재료를 활용해서 요리하기 좋아요.
냉동 우동 면만 쟁여두면 그때그때 다른 볶음우동을 해
먹을 수 있죠. 소개한 레시피 재료를 꼭 그대로 사용하지
않아도 괜찮아요. 각자의 냉장고 속 좋아하는 재료를
활용해서 만들어보세요.

(INGREDIENT) 2인분

냉동 우동 면 2개

칵테일새우(돼지고기, 소고기,
버섯 등으로 대체 가능) 200g

양파 ¼개

당근 ¼개

대파 ¼대

숙주 1줌

식용유 2큰술

양념
양조간장 3큰술
다진 마늘 ½큰술
미향 4큰술
설탕 ⅓큰술
물 4큰술

선택 재료
가쓰오부시

① 양파, 당근, 대파는 먹기 좋게 썬다.

② 새우와 숙주는 흐르는 물에 씻어 물기를 제거한다.

③ 볼에 양념 재료를 모두 넣고 섞는다.

④ 끓는 물에 냉동 우동 면을 데친 뒤 체에 밭쳐 물기를
제거한다.

TO COOK

⑤ 달군 팬에 식용유를 두르고 숙주를 제외한 채소와
새우를 넣고 중불에 볶는다.

⑥ 재료가 익으면 양념, 데친 우동 면, 숙주를 넣고 센불에
윤기나게 볶아 완성한다.

⑦ 접시에 담고 가쓰오부시를 취향껏 올려 먹는다.

TIP

가쓰오부시 대신 김가루, 쪽파 등을 올려도 근사해요.

1

3

4

5

6

7

알배추 된장 우동

찬 기운 속에서 자란 알배추는 속이 단맛으로 꽉 차
있고 아삭해요. 그래서 겨울이 되면 저희 집 냉장고에는
알배추가 항상 한자리 차지하고 있어요. 달콤한 알배추와
구수한 된장을 넣어 끓인 국물에 삶은 우동 면을 말아
먹으면 몸속 가득 포근해지는 기분이 들어요. 면을 넣지
않으면 알배추 된장국으로도 활용할 수 있으니 일석이조
레시피라고 할 수 있죠!

INGREDIENT 2인분

냉동 우동 면 2개

물 6컵

다진 소고기 70g

알배추 150g

무 100g

마늘 2쪽

된장 1큰술

참치액 1큰술

대파 ½대

소금 적당량

① 알배추는 먹기 좋게 썰고, 무는 얇게 슬라이스한다.

② 대파는 송송 썬다.

③ 끓는 물에 냉동 우동 면을 데친 뒤 체에 받쳐 물기를
   제거한다.

TO COOK

④ 냄비에 분량의 물, 알배추, 무, 된장, 마늘, 다진
   소고기를 넣고 센불에 끓인다.

⑤ 팔팔 끓으면 건지기로 불순물을 제거하고 중약불로
   줄여 알배추가 투명해질 때까지 20분간 끓인다.

⑥ 참치액, 대파를 넣고 취향에 맞게 소금으로 간을
   맞춘다.

⑦ 오목한 그릇에 데친 우동 면을 넣고 6을 부은 뒤 송송
   썬 대파를 올려 완성한다.

1

2

3

4

5

6

7

유니 짜장

모든 재료를 다져서 요리하는 유니 짜장은 아이와 함께
먹기 참 좋아요. 아이가 건더기를 덜어낼 일이 없으니까요.
짜장을 만드는 날은 곧 세 식구가 함께 짜장면을 먹는
날이에요. 그리고 남은 소스는 한 끼 먹을 양으로 소분해서
냉동실에 두었다가 비상식량으로 활용해요. 무언가 만들어
먹기 마땅치 않은 날, 휘리릭 면만 삶으면 되거든요.
냉동해둔 짜장을 먹을 때에는 전날 밤에 냉장실에 옮겨서
해동하고 먹기 전에 냄비에 넣고 데우면 갓 만든 짜장처럼
맛있어요. 기름 두른 팬에 새우, 오징어, 고기 등 좋아하는
재료를 볶다가 짜장과 삶은 면을 넣어 한 번 더 볶으면
볶음 짜장이 되는데 이 또한 맛이 좋아요.

(INGREDIENT) 4-5인분

춘장 10큰술(200g)
양파 2개(600g)
다진 돼지고기 400g
설탕 3+½큰술
올리브오일 8큰술
물 7컵
전분물

감자 전분 4큰술
물 4큰술

① 양파는 잘게 다진다.

> 푸드 프로세서가 있다면 사용해도 좋다.

② 팬에 분량의 춘장과 올리브오일 2큰술을 넣고
약불에서 2분 정도 볶는다.

TO COOK

③ 오목한 팬에 올리브오일 5큰술, 1의 다진 양파를 넣고
양파가 캐러멜색이 되도록 중약불에서 10분간 볶는다.

④ 3에 올리브오일 1큰술, 다진 돼지고기를 넣고 재료가
익도록 볶는다.

⑤ 2의 볶은 춘장, 설탕, 물을 더하고 중불에서 20-25분간
끓인다.

⑥ 볼에 전분물 재료를 넣고 섞은 뒤 5에 조금씩 붓고
재빨리 저어가며 끓인다.

⑦ 윤기가 나고 점성이 생기면 불을 끄고 밥이나 면에
곁들인다.

TIP

춘장을 기름에 볶아서 사용하면 춘장 특유의 떫은맛이 제거되고 풍미가
더 좋아져요.

1

2

3

4

5

6

들깨 칼국수

살짝 쌀쌀해진 가을날 잘 어울리는 별미 요리예요.
가을 제철인 표고버섯과 고소한 들깻가루를 듬뿍 넣어
끓인 칼국수를 먹고 있으면 건강해지는 기분이 절로
들죠. 뜨거운 국물을 들이켠 남편이 "흐-아!" 소리를
내면 담이는 미지근한 국물을 먹으면서도 "으-아!" 하며
똑같이 흉내를 내요. 식탁에 둘러앉아 때때로 마주하는
이런 귀여운 장면들 때문에 더 열심히 요리하게 되지요.
들깻가루와 칼국수 면의 전분으로 인해 국물에 점도가
있는 편이에요. 깊고 따뜻한 온기가 몸속에 오래도록 남는
포근한 음식입니다.

(INGREDIENT) 2인분

칼국수 면 300g

거피 들깻가루 4큰술

표고버섯 5개

다진 마늘 ⅔큰술

쌀누룩 간장 또는 국간장 1큰술

소금 ½큰술

육수
물 8컵
다시마(5×3㎝) 2장
대파 ½대
국물용 멸치 15마리

육수

① 국물용 멸치는 내장을 제거한다.

② 냄비에 1의 멸치와 나머지 육수 재료를 모두 넣고 센불에 끓인다.

③ 팔팔 끓으면 다시마는 건져내고 중불로 줄여 15분간 더 끓인다.

④ 재료를 모두 건져내고 맑은 육수만 사용한다.

TO COOK

⑤ 표고버섯은 얇게 썬다.

⑥ 준비한 육수를 센불에 올려 팔팔 끓으면 칼국수 면, 표고버섯, 간장, 다진 마늘, 들깻가루를 넣고 면이 익을 때까지 끓인다.

> 칼국수 면은 덧가루를 물에 가볍게 씻어내고 사용한다.

⑦ 소금으로 간하여 완성한다.

TIP

거피 들깻가루는 들깨 껍질을 벗겨 가루로 만든 것이에요. 껍질이 제거되어 식감이 부드럽기 때문에 국물 요리에 사용하기 제격이에요.

1

2

3

4

5

6

냉우동

유독 더위를 많이 타는 남편은 평소에는 먹보인데 여름만
되면 입맛 없다는 말을 자주 해요. 그런 남편을 위해
만들기 시작했는데 담이도 정말 잘 먹어서 여름마다 더
자주 만들게 되는 메뉴예요. 차갑게 식혀 탱글한 우동
면에 얼음을 올리고 달콤하고 차가운 소스를 쪼르륵
부어주면 담이와 남편은 한입 먹고 동시에 "음~!" "음~
맛있다!" 하면서 감탄사를 내뱉어요. 저에게는 정말 행복한
순간이에요!

냉동 우동 면 2개

냉우동 소스 적당량

무 적당량

쪽파 적당량

김가루 적당량

냉우동 소스
다시마(5×3㎝) 2조각
말린 표고버섯 3개
물 2컵
쯔유 1컵
미향 ½컵
양조간장 ¼컵
설탕 2큰술

선택 재료
삶은 달걀
고추냉이
레몬 슬라이스

① 무는 강판에 갈아 손으로 살짝 쥐어 수분을 빼고,
   쪽파는 송송 썬다.

② 분량의 다시마, 말린 표고버섯, 물을 볼에 담아
   1시간가량 우린 뒤 다시마만 건져낸다.

TO COOK

③ 냄비에 다시마, 표고버섯 우린 물을 담고 나머지 소스
   재료를 모두 넣어 센불에 끓인다.

④ 팔팔 끓으면 중불로 줄여 1분 더 끓인 뒤 불을 끄고 한
   김 식혀 보관용기에 담아 냉장고에 차게 두어 냉우동
   소스를 완성한다.

⑤ 냉동 우동 면은 끓는 물에 데친 뒤 찬물에 헹구고 체에
   밭쳐 물기를 제거한다.

⑥ 그릇에 데친 우동 면을 담고 얼음, 간 무, 송송 썬 쪽파,
   김가루를 올린 뒤 취향에 맞게 선택 재료를 올린다.

   소스에 넣은 표고버섯을 얇게 슬라이스하여 고명으로 올리면
   근사하다.

⑦ 차게 둔 냉우동 소스를 적당히 부어 완성한다.

TIP

냉동 우동 면은 냉장 우동 면보다 탄력이 좋고 쫄깃해서 냉우동과 잘 어
울려요.

1

2   3

4   5

6   7

Side Dish

함께하면 더욱 풍성하고 든든한
곁들임 반찬

식단을 짤 때 메인 요리와 곁들여 먹기 좋은 반찬을 함께 구성하는 편이에요. 곁들임 반찬은 식탁 위의 주인공은 아니지만 중요한 조연 역할을 해주거든요. 메인 요리를 맛있게 먹을 수 있도록 입맛을 돋우어주고 식탁 위를 더욱 풍성하게 만들어주죠. 곁들임 반찬은 채소가 주재료이기에 매일 채소를 섭취할 수 있는 좋은 방법이기도 해요. 아이도 어른도 함께 먹기 좋은 곁들임 반찬을 소개합니다.

오이김치

담이가 가장 좋아하는 곁들임 반찬을 뽑으라고 하면
망설이지 않고 오이김치라고 말할 수 있어요. 그리고
아마도 제가 SNS에 소개한 음식 중에 가장 많은 사랑을
받았던 레시피일 것 같아요. 무엇보다 이 레시피를
소개하고 가장 뿌듯했던 순간이 있었는데, 평소에 오이를
안 먹는 아이가 이 오이김치를 해줬더니 잘 먹는다며
감사의 메시지를 받았을 때였어요. 아이가 거부하던
식재료를 처음 먹었을 때의 기쁨을 저도 잘 알기에 덩달아
신이 났죠! 많은 사람들에게 기쁨을 주었던 오이김치
레시피를 소개합니다.

(INGREDIENT)

오이 3개

소금 ⅓큰술

세척용 굵은소금 적당량

양념

멸치액젓 ½큰술
설탕 ½큰술
매실청 ½큰술
간 깨 적당량

① 오이는 굵은소금으로 문질러 씻고 필러로 껍질을
띄엄띄엄 벗긴다.

> 오이를 굵은소금으로 닦으면 세척 효과도 있지만 오이의 쓴맛이
> 제거된다.

② 1의 오이를 세로로 반 가른 뒤 티스푼으로 속을 파내고
0.8cm 두께로 썬다.

TO COOK

③ 손질한 오이에 소금을 넣고 버무린 뒤 10분간 절인다.

> 중간중간 골고루 절여지도록 섞어준다.

④ 3에 양념을 넣고 고루 섞는다.

⑤ 밀폐용기에 담아 냉장 보관한 뒤 하룻밤 숙성하여
먹는다.

TIP

사과나 배를 썰어 같이 넣어도 맛이 좋아요. 간이 부족하다면 소금으로
맞춰주세요.

1

2

3

4

5

백김치

담이의 첫 배추김치는 백김치예요. 김장김치는 친정
엄마가 담그신 것을 받아 먹고 있지만 담이와 함께 먹을
백김치는 직접 만들고 싶었어요. 김치라고 하면 만들기
어려울 것 같지만 제철 재료로 만든 백김치는 별다른 기교
없이도 훌륭한 맛을 냅니다. 이 레시피는 많은 양념이
들어가지 않기 때문에 반드시 배추와 무가 달아야 해요.
늦가을부터 겨울 동안 부지런히 만들어 먹을 수 있답니다.

(INGREDIENT)

알배추 1통(600g)

무 100g

다시마 물
다시마(5×3㎝) 3조각
물 2컵

양념
껍질 벗긴 배 200g
마늘 1쪽
생강 5g
새우젓 ½큰술
멸치액젓 1큰술
매실청 1+½큰술

절임 물
물 4컵
굵은소금 5큰술

① 무는 굵게 채 썰고, 알배추는 2㎝ 길이로 썬다.

② 커다란 볼에 절임 물 재료를 넣고 1의 무와 알배추를
40분간 절인 뒤 채반에 밭쳐 물기를 제거한다.

> 중간중간 골고루 절여지도록 섞어준다.

③ 물 2컵에 다시마를 넣고 40분간 우린 뒤 다시마를
건져내 다시마 물을 만든다.

TO COOK

④ 블렌더에 준비한 다시마 물, 양념 재료를 모두 넣고
곱게 간다.

⑤ 밀폐용기에 절여둔 무와 배추를 담고 4를 면포나 고운
체에 걸러 넣는다.

⑥ 실온에 24시간 정도 두어 김치 표면에 기포가 생기기
시작하면 냉장고에 두고 1-2일 숙성하여 먹는다.

TIP

백김치는 염도가 낮아 금방 익기 때문에 김치냉장고에 보관하거나 빠른
시일 내에 먹는 것이 좋아요.

1

2

3

4

단무지

단무지는 다양한 요리에 감초 역할을 해주죠. 늘 당연하게 사 먹곤 했는데 어느 날 일부 단무지 제조 공장의 위생 상태에 관한 기사를 보고 직접 만들어보고 싶더라고요. 단무지에 들어가는 재료들이 궁금해서 시판 단무지 포장지에 적혀 있는 원재료 및 함량을 보았더니, 주재료는 단순한데 보존성을 위해 넣는 화학첨가물이 꽤 많았어요. 눈으로 확인하고 보니 좀 더 건강하고 맛있는 단무지를 만들고 싶은 의지가 더욱 불끈 생기더라고요. 이제는 시판 단무지는 성에 차지 않아 늘 냉장고에 홈메이드 단무지가 한자리 차지하고 있어요. 보존성이 좋아서 계절이 바뀔 때마다 한 번씩 만들어두면 1년 내내 먹을 수 있어요!

INGREDIENT

무(1.5kg) 1개

유기농 설탕 1컵

식초 ½컵

굵은소금 2큰술

치자 2조각

① 무는 세로로 2등분한 뒤 1㎝ 두께로 길게 썬다.

② 넉넉한 사이즈의 지퍼백에 1의 무, 유기농 설탕, 식초, 굵은소금을 넣고 섞은 뒤 무가 휘어질 때까지 5시간 정도 절인다.

> 중간중간 골고루 절여지도록 섞어준다.

③ 무가 절여지면서 나온 물 1컵을 덜어 치자를 가위로 잘라 넣고 주황빛이 돌 때까지 1시간 정도 우린다.

> 전자레인지에 30초 정도 데우면 우리는 시간이 단축된다.

④ 밀폐용기에 2의 무를 담고 3을 체에 걸러 넣어 6시간 정도 실온에 둔다.

⑤ 냉장고에서 5일 정도 숙성시킨 뒤 적당한 크기로 잘라 먹는다.

TIP

치자는 치자나무의 열매를 건조한 것으로 단무지에 노란색을 입혀주는 천연 색소 역할을 해요.

1

2

3

4

5

버섯 피클

특별한 피클을 먹고 싶다면 버섯 피클을 추천해요.
아이가 버섯을 좋아한다면 말할 것도 없는 레시피입니다.
파스타에 곁들여도 좋고 밥반찬으로도 괜찮아요. 특히
손님을 초대했을 때 요리와 함께 버섯 피클을 내놓으면
어깨가 으쓱해질 거예요.

(INGREDIENT)

표고버섯 4개

양송이버섯 4개

새송이버섯 2개

올리브오일 2큰술

단촛물
물 2컵
설탕 1컵
식초 1컵
소금 1큰술
피클링 스파이스 ¼큰술

① 버섯은 모두 한입 크기로 먹기 좋게 썬다.

② 달군 팬에 올리브오일을 두르고 썰어둔 버섯을 센불에
노릇하게 볶아 한 김 식힌다.

③ 냄비에 단촛물 재료를 모두 넣고 센불에 팔팔 끓으면
약불로 줄여 10분 더 끓인다.

④ 2의 버섯을 밀폐용기에 담고 3의 단촛물을 한 김 식힌
뒤 부어 냉장고에 하룻밤 숙성시켜 먹는다.

TIP

버섯을 센불에 볶아야 수분이 나오지 않고 노릇하게 볶을 수 있어요.

1

3

2

4

잣 드레싱 샐러드

담이에게 잣을 먹여보고 싶은데 한입 먹고는 바로
뱉어버리더라고요. 몸에 좋은 잣을 함께 먹고 싶은
마음으로 만든 잣 드레싱이에요. 노릇하게 구운 잣을
절구에 곱게 으깨어 고소하면서 달콤한 드레싱으로
만들면 거부할 수 없죠. 잣 드레싱을 사용하는 요리는
꼭 이 레시피가 아니어도 아이가 좋아하는 다양한 재료를
활용해서 만들면 꽤 괜찮은 반찬이 될 거예요.

배 ¼개

소고기(불고기용) 200g

세발나물 1줌

올리브오일 ⅓큰술

소금 적당량

잣 드레싱

잣 1큰술(약 30알)

식초 ⅔큰술

꿀 ⅔큰술

올리브오일 1큰술

소금 약간

228

잣 드레싱

① 마른 팬에 잣을 넣고 약불에 노릇하게 굽는다.

② 절구에 1의 구운 잣을 넣고 곱게 간다.

③ 2에 나머지 재료를 모두 넣고 고루 섞어 완성한다.

> 소금은 간을 보며 가감한다.

TO COOK

④ 배는 채 썰고, 세발나물은 흐르는 물에 씻은 뒤 체에
밭쳐 물기를 제거한다.

⑤ 올리브오일을 두른 팬에 소고기를 소금 간하여 굽는다.

⑥ 접시에 4의 배와 세발나물, 5의 소고기를 올린 뒤
잣 드레싱을 뿌려 완성한다.

1

2

3

4

5

6

들깨 드레싱 샐러드

들깨 드레싱을 만드는 날에는 양배추를 넉넉히 채
썰어두어요. 냉장고에 두었다가 식사할 때마다 양배추에
들깨 드레싱만 뿌리면 간편하거든요. 양배추 위에 들깨
드레싱만 올려도 좋지만 버섯, 새우, 닭고기, 달걀 등
단백질 재료를 추가해서 만들면 든든한 한 끼가 되기도
해요. 아이가 좋아하는 과일이나 채소를 송송 썰어
드레싱에 버무려 반찬으로 내어도 괜찮아요.

(INGREDIENT) 2-3인분

양배추 적당량

표고버섯 적당량

올리브오일 적당량

소금 적당량

들깨 드레싱 적당량

들깨 드레싱
거피 들깻가루 5큰술
식초 5큰술
꿀 4큰술
소금 ⅓큰술
올리브오일 4큰술

들깨 드레싱

① 용기에 들깻가루를 담고, 식초, 꿀, 소금 순서로 넣어
   멍울 없이 고루 섞는다.

② 1에 분량의 올리브오일을 조금씩 넣으면서 섞어
   드레싱을 완성한다.

> 숟가락으로 들었을 때 주르륵 흘러내릴 정도면 적당하다.

TO COOK

③ 양배추는 채 썰고, 표고버섯은 슬라이스한다.

> 슬라이서를 사용하면 일정한 두께로 썰 수 있어 편리하다.

④ 표고버섯은 달군 팬에 올리브오일을 두른 뒤 소금
   간하여 노릇하게 굽는다.

⑤ 접시에 3과 4를 담고 들깨 드레싱을 적당히 뿌려
   완성한다.

> 남은 들깨 드레싱은 밀폐용기에 담아 냉장 보관한다.

TIP

들깻가루는 입자가 곱기 때문에 묽은 식초를 가장 먼저 넣고 섞어줘야
멍울 없이 고운 드레싱을 만들 수 있어요. 꼭 레시피 순서에 맞게 재료를
넣어주세요.

1

2

3

4

5

방울토마토 절임

이 레시피는 저에게 참 특별해요. 몇 해 전 여름, 어금니가
아직 자라지 않아 토마토를 잘 씹어 먹지 못하는 담이를
위하여 껍질을 벗겨 방울토마토 절임을 만들어주었어요.
몸에 좋은 방울토마토를 맛있게 먹는 모습이 예뻐
그해 여름 내내 방울토마토 절임을 만들었던 기억이
납니다. 이제는 담이가 토마토를 껍질째 잘 먹지만
여전히 토마토가 제철인 여름만 되면 방울토마토 절임을
만들어요.

(INGREDIENT)

방울토마토 500g

양념
레몬즙 1큰술
꿀 1큰술
소금 ¼큰술
올리브오일 ½컵

① 방울토마토는 꼭지를 제거하고 아랫부분 껍질에
   일자로 칼집을 낸다.

   껍질만 벗겨낸다는 생각으로 얇게 칼집을 낸다.

② 끓는 물에 1의 방울토마토를 넣고 2-3분간 데친다.

③ 토마토 껍질이 벌어지면 체로 건져낸 뒤 찬물에 헹궈
   열기를 식히고 껍질을 벗긴다.

   방울토마토는 오래 데치면 식감이 좋지 않으니 껍질과 과육이
   분리되는 것이 보이면 즉시 건져낸다.

④ 밀폐용기에 3의 방울토마토, 양념 재료를 모두 넣고
   버무려 실온에 2-3시간 둔다.

⑤ 즙이 빠져나와 방울토마토가 양념에 거의 잠기면 냉장
   보관하여 하룻밤 숙성해서 먹는다.

TIP

방울토마토 절임을 냉장 보관하면 올리브오일이 응고될 수 있어요. 올리
브오일은 어는점이 높은 편이라 냉장고에서도 굳을 수 있거든요. 먹을 만
큼 그릇에 미리 옮겨두면 응고된 올리브오일이 자연스럽게 녹을 거예요.

1

2

4

TIP

방울토마토 절임은 요리에 활용하기도 좋아요. 구운 바게트 위에 리코타
치즈를 바르고 방울토마토 절임과 바질을 올리면 근사한 브루스케타가
되고, 샐러드나 파스타 재료로 사용하기도 해요. 양념에 토마토의 풍미가
배어든 맛도 근사해요. 남은 양념은 버리지 말고 드레싱이나 파스타 소스
로 활용해보세요.

사과 콜라비 샐러드

새로운 계절을 알리는 채소들이 있어요. 콜라비는 추운 계절이 왔다는 걸 알려주는 겨울 채소예요. 마트에서 콜라비를 발견하면 반가운 마음에 무조건 하나씩 사 오는데, 무와 비슷하지만 식감이 더 단단하고 달콤해요. 담이가 무를 좋아해서 그런지 콜라비도 거부감 없이 잘 먹더라고요. 한 계절에만 먹을 수 있는 특별한 맛을 아이와 함께 느끼고 싶어서, 겨울이 되면 늘 달콤한 사과를 넣어 샐러드를 만들어 먹는답니다.

(INGREDIENT) 2인분

콜라비 ½개

사과 ½개

드레싱
멸치액젓 1큰술
식초 1큰술
설탕 ⅔큰술
소금 약간
올리브오일 1+½큰술

① 콜라비는 껍질을 벗겨 채 썰고, 잎도 먹기 좋게 채 썬다.

② 사과는 껍질째 채 썬다.

③ 볼에 드레싱 재료를 모두 넣고 1의 콜라비와 2의
   사과를 버무려 완성한다.

TIP

잎이 없는 콜라비를 구입했다면 청상추 등 다른 잎채소를 대신 넣어도 좋아요.

1

2

3

참외 샐러드

여름에 즐겨 먹는 샐러드예요. 여름이 제철인 참외와
참나물로 접시 위를 채우면 참 싱그러워요.
눈으로 먼저 한 번 즐긴 다음, 코로 향긋한 향을 즐기고,
입으로 또 한 번 즐겨보세요. 레시피는 심플하지만 금세
기분이 좋아지는 근사한 메뉴랍니다.

INGREDIENT 2인분

참외 1개

참나물 2-3줄기

그라나파다노 치즈 적당량

올리브오일 적당량

소금 적당량

후추 적당량

① 참외는 필러로 껍질을 띄엄띄엄 벗기고, 숟가락으로
   씨를 제거한 뒤 0.7㎝ 두께로 슬라이스한다.

② 참나물은 연한 잎만 떼어둔다.

③ 접시에 1의 참외와 2의 참나물 예쁘게 담고
   간 그라나파다노 치즈, 후추, 소금, 올리브오일을 올려
   완성한다.

TIP

참외씨는 설사나 복통을 유발할 수 있어 위가 약한 아이와 함께 먹을 때
에는 반드시 제거해주세요.

1

3

무생채

찬 기운이 도는 늦가을부터 나기 시작하는 무는 겨울이
되면 맛이 감동적으로 달콤해지죠. 이 시기에 만든
무생채를 담이가 참 좋아해요. 재료 자체의 맛이 좋기
때문에 최소한의 양념으로도 근사한 무생채를 만들 수
있습니다. 아이들의 입맛은 매우 정확해요. 맵고 쓴맛이
나는 여름 무로 무생채를 만들어주면 거들떠보지 않을
테니, 이 레시피는 꼭 겨울에 찾아보시길 바라요!

INGREDIENT

무 ⅓개

양념
식초 1큰술
설탕 1큰술
소금 ⅓큰술
멸치액젓 ⅓큰술
통깨 1큰술

① 무를 채 썬다.

> 채칼을 이용하면 편리하다.

② 볼에 1의 채 썬 무와 양념 재료를 모두 넣고 조물조물
  무친다.

TIP

무는 줄기와 가까운 초록색 부분이 매운맛이 적고 달아서 무생채 만들기
에 좋아요.

1   2

간장 무 피클 / 채소 피클

피클은 어떤 요리와 함께 먹어도 좋은 곁들임 반찬이에요.
만들기는 쉽고 오래 보관할 수 있어 넉넉히 만들어두고
먹는 편이에요. 세 식구 모두 피클을 좋아해서 다양하게
피클을 만들어 먹는데, 그중 가장 자주 손이 가는 레시피를
소개합니다. 피클 재료는 아삭하고 단단한 채소라면 뭐든
괜찮아요. 냉장고 속 채소들이 시들기 전에 재료들을 모아
피클을 만들어보세요.

(INGREDIENT)

간장 무 피클

무 ½개(800g)

단촛물

물 2컵
식초 1컵
설탕 1컵
간장 2큰술
소금 ⅓큰술

채소 피클

무 ¼개(400g)
오이 2개
당근 ⅓개

단촛물

물 2컵
식초 1컵
설탕 1컵
소금 1큰술

254

간장 무 피클

① 무를 한입 크기로 썰어 밀폐용기에 넣는다.

② 냄비에 단촛물 재료를 모두 넣고 끓인다.

③ 2가 끓어오르면 불을 끄고 한 김 식힌 뒤 1에 넣는다.

④ 실온에서 완전히 식힌 뒤 냉장 보관하여 하룻밤 숙성
후 먹는다.

채소 피클

① 채소를 한입 크기로 썰어 밀폐용기에 넣는다.

② 냄비에 단촛물 재료를 모두 넣고 끓인다.

③ 2가 끓어오르면 불을 끄고 한 김 식힌 뒤 1에 넣는다.

④ 실온에서 완전히 식힌 뒤 냉장 보관하여 하룻밤 숙성
후 먹는다.

TIP

단맛보다 새콤한 맛의 피클을 좋아한다면 레시피에 적힌 설탕 분량보다
1-2큰술 적게 넣어 만들어요.

1

2

3

1

2

3

4

오이 된장무침

저는 고추를 된장 양념에 버무려 먹는 걸 좋아하는데요.
어느 날 같은 양념에 딤이가 좋아하는 오이를 넣어
무쳐보았는데 역시 맛있더라고요. 된장의 풍부한 유익균은
열에 약하기 때문에 생으로 먹는 것이 좋은데 생된장을
아이에게 먹이기 쉽지 않잖아요. 그런데 오이를 된장
양념에 버무려주니 딤이가 너무 좋아하더라고요.
맛도 좋고 몸에도 좋으니 자주 만들 수밖에요. 이제는
된장 양념을 넉넉히 만들어 고추 된장무침, 오이 된장무침
두 가지로 만듭니다. 고추를 무칠 때에는 아삭한 식감의
오이고추나 풋고추로 만드는 걸 추천해요.

INGREDIENT

오이 2개

양념
된장 1+½큰술
매실청 1+½큰술
참기름 1+½큰술
통깨 1큰술

① 오이는 굵은소금으로 문질러 씻고 필러로 껍질을
   띄엄띄엄 벗긴다.

② 길게 반을 갈라 숟가락으로 속을 파내고 1㎝ 두께로
   썬다.

③ 볼에 된장 양념을 모두 넣고 섞은 뒤 2의 오이를 넣어
   버무린다.

TIP

오이를 굵은소금으로 문지르면 쓴맛이 제거되고, 씨를 제거하면 오이 특
유의 비린 맛을 줄일 수 있어요.

1

2

3

Special Snack

식사와 식사 사이 출출할 때
별미 간식

담이가 하원하고 난 뒤나 주말에 출출해할 때 간단하게 요깃거리를 만들어 함께 먹어요. 한 끼 식사나 밥반찬으로도 손색이 없고 어른이나 아이 할 것 없이 별미로 즐길 수 있는 특별한 간식들로 준비했어요. 어른들은 맥주 한잔 준비해도 괜찮아요. 술 안주로도 꽤 근사하거든요!

김 페스토 주먹밥

아이들이 좋아하는 조미김 맛에 감칠맛을 더했어요.
간단하게 간식을 만들 때나 도시락을 싸서 나들이 갈 때
김 페스토로 주먹밥을 만들면 참 간편해요. 그 밖에도
저희 집은 김 페스토를 다양하게 활용해요. 말랑한 떡에
김 페스토를 찍어 먹으면 쉬지 않고 계속 들어가고요.
파스타나 국수의 양념으로도 좋아요. 달걀말이를 만들 때
달걀물에 김 페스토를 조금 넣으면 또 별미랍니다.
그리고 밥 위에 나물 올리고 김 페스토 넣어 비빔밥을
만들면 정말 환상적입니다! 다 적을 수 없을 정도로
활용도가 높은 김 페스토 꼭 만들어보세요.

(INGREDIENT) 2인분

밥 2공기(400g)

김 페스토
구운 곱창김 4장
양조간장 1큰술
매실청 1큰술
통깨 1큰술
설탕 ⅓큰술
멸치액젓 ⅓큰술
참기름 2큰술
올리브오일 5큰술

김 페스토

① 구운 김을 비닐봉지나 지퍼백에 넣어 잘게 부순다.

② 블렌더에 페스토 재료를 모두 넣고 1의 구운 김을 넣어
   곱게 갈아 완성한다.

> 밀폐용기에 담아 냉장고에 두면 2개월까지 보관 가능하다.

TO COOK

③ 따뜻한 밥에 김 페스토 3큰술을 넣고 고루 섞어
   심심하게 간을 맞춘다.

④ 동그랗게 주먹밥을 만든 뒤 나머지 김 페스토를 주먹밥
   위에 모두 올려 완성한다.

TIP

시판 구운 김을 사용하면 편리해요. 일반 김을 사용할 경우 마른 팬에 앞
뒤로 구운 뒤 사용해주세요.

1

2

3

4

감자전

이 레시피는 사실 식당을 오래 운영하신 저희 엄마의
비법 레시피입니다. 포인트는 양파를 조금 넣는 거예요.
양파를 넣으면 감자 특유의 떫은맛이 사라지고 감자전의
풍미가 더 좋아져요. 전은 맛있게 부치는 것도 중요해요.
중불에 식용유를 넉넉히 두르고 겉면이 황금색이 될
때까지 정성 들여 부쳐야 해요. 그렇게 하면 겉은 바삭하고
속은 부드러워 먹으면서 기분이 절로 좋아지는 감자전을
만들 수 있죠. 감자전은 식으면 푸석해져 맛이 없으니 갓
만들어서 따뜻할 때 바로 먹는 것이 좋아요.

(INGREDIENT) 2-3인분

감자 2-3개(500g)

양파 ⅙개(25g)

부침가루 4큰술

소금 ¼큰술

식용유 적당량

초간장
양조간장 1큰술
식초 1큰술
매실청 ⅔큰술
통깨 약간
다진 파 약간

① 분량의 재료를 모두 섞어 초간장을 만든다.

② 감자와 양파는 껍질을 벗기고 적당히 토막 낸다.

③ 토막 낸 감자와 양파를 블렌더로 곱게 간다.

④ 3에 부침가루, 소금을 넣고 가볍게 저어 감자전 반죽을 만든다.

⑤ 중불로 달군 팬에 식용유를 두르고 감자전 반죽을 10㎝ 지름의 원 모양으로 올려 노릇하게 굽는다.

> 감자전 반죽은 묽기 때문에 작은 크기로 만들어야 어렵지 않게 전을 부칠 수 있다.

TIP

감자는 품종에 따라 계절에 따라 수분량이 달라요. 특히 여름 감자는 수분이 많기 때문에 부침가루를 1-2큰술 더 추가하는 것이 전을 부치기 수월할 거예요.

1

2

3

4

오징어 부침개

오징어 부침개는 담이가 하원하고 출출해할 때 자주
해주는 간식이에요. 어렸을 때 엄마가 오징어를 넣고 김치
부침개를 만들어주면 오빠와 경쟁하며 오징어만 쏙쏙
골라 먹던 것이 생각나 오징어를 주인공으로 부침개를
만들어보았어요. 오징어를 좋아하는 담이는 기름에
지글지글 구워진 오징어를 쏙 빼 먹으려고 "오징어 부침개
해줘요!"라고 외쳐요. 그럼 저는 모르는 척 오징어를 잔뜩
올려 부침개를 부쳐주고 오징어만 쏙쏙 빼 먹는 아이를
보며 저의 어린 시절을 떠올리곤 해요. 오징어는 미리
손질해두고 냉동실에 소분하여 넣어두면 언제든지 금방
만들 수 있어요.

(INGREDIENT) 2-3인분

오징어 1마리

애호박 1개

당근 ⅙개

양파 ¼개

부침가루 1큰술

식용유 적당량

반죽
부침가루 1컵
물 ¾-1컵
밥새우 1큰술
다진 마늘 약간
소금 약간

274

① 애호박, 당근, 양파는 채 썰어둔다.

② 오징어는 껍질을 제거하고 채 썬 뒤 부침가루 1큰술을
넣고 버무린다.

> 오징어는 표면이 미끄럽기 때문에 손에 소금을 묻히거나
> 키친타월로 껍질을 움켜쥐고 벗겨내면 수월하다.

③ 볼에 반죽 재료를 모두 넣고 멍울 없이 고루 섞는다.

④ 3에 1의 채 썬 채소를 넣고 섞는다.

⑤ 중불로 달군 팬에 식용유를 넣고 4의 반죽을 얇게 편
뒤 2의 오징어를 올린다.

⑥ 바닥이 단단해지면 뒤집어 앞뒤로 노릇하게 구워서
완성한다.

TIP

부침개 반죽은 묽은 편이 맛이 좋지만, 부침개 부치는 것이 서툴다면 물
을 ¾컵을, 자신 있다 싶으면 1컵을 넣어 반죽해주세요.

1

2

3

4

5

6

치킨텐더

담이의 첫 치킨은 집에서 만든 치킨텐더에서
시작되었어요. 깨끗한 기름에 직접 튀겨서 걱정 없고,
무엇보다 갓 튀겨 바로 먹는 치킨의 맛은 배달 치킨과
비교할 수 없죠. 겉은 바삭하고 속은 부드러워 계속 집어
먹게 될 거예요! 샐러드 토핑으로 활용하기도 좋아서
치킨텐더를 만드는 날에는 담이에게는 간식으로 주고
전 항상 샐러드를 만들어 먹었죠. 이제는 페리카나
치킨을 사랑하는 어린이가 되어가고 있지만 지금도 종종
마트에서 닭 안심 한 팩을 사 와서 튀겨주곤 해요. 여전히
엄마표 치킨을 좋아해줘서 고마운 마음이에요.

(INGREDIENT) 2인분

닭 안심 10조각(300g)

다진 마늘 ¼큰술

소금 ¼큰술

튀김가루 2큰술

튀김옷 반죽
튀김가루 ½컵
차가운 물 ½컵
우유 3큰술

① 닭 안심을 흐르는 물에 깨끗이 씻은 뒤 키친타월로
   물기를 제거하고 다진 마늘, 소금에 버무려 10분 정도
   재운다.

② 오목한 볼에 튀김옷 반죽 재료를 모두 넣고 멍울 없이
   섞는다.

TO COOK

③ 재워둔 닭 안심에 튀김가루을 얇게 묻힌다.

④ 2의 튀김옷 반죽을 입히고 달군 식용유에 넣어
   노릇하게 튀긴다.

   튀김 반죽을 조금 떨어뜨렸을 때 아래까지 가라앉았다가 바로
   떠오르면 튀기기 적당한 온도이다.

⑤ 체에 밭쳐 기름기를 제거한다.

TIP

닭 안심은 3분 정도 튀기면 속까지 충분히 익어요. 바삭하게 만든다고
너무 오래 튀기면 퍽퍽해져서 부드러운 닭 안심을 사용한 의미가 없게
되죠. 알맞게 튀겨야 속이 부드러운 치킨텐더를 만들 수 있음을 명심해
주세요.

1

2

3

4

5

간장 떡볶이

아이와 함께 먹기 좋은 간장 떡볶이예요. 사실 떡볶이는
새빨간 떡볶이가 진리지만 담이와 함께 먹기 위해 가끔씩
간장 떡볶이를 만들어 먹으면 이 맛 또한 별미더라고요.
간장 떡볶이는 옛 궁궐에서도 공주님, 왕자님 간식으로
내었다고 해요. 그래서 궁중떡볶이라고도 불려요.
궁중음식이라고 생각하니 간장 양념으로 윤기나게 볶아낸
간장 떡볶이가 고상한 느낌마저 든답니다.

(INGREDIENT) 2인분

떡볶이 떡 400g

소고기 200g

당근 ⅓개

표고버섯 2개

식용유 2큰술

소금 ¼큰술

통깨 적당량

양념
양조간장 2큰술
꿀 2큰술
다진 파 2큰술
다진 마늘 1큰술
참기름 1큰술
물 1컵

① 떡볶이 떡은 하나씩 떼어서 미지근한 물에 담가둔다.

② 소고기, 당근, 버섯은 먹기 좋게 썬다.

③ 볼에 양념 재료를 모두 넣고 잘 섞어둔다.

TO COOK

④ 식용유 두른 팬에 손질한 소고기, 당근, 버섯을 넣고
   소금 간을 한 뒤 중불에 볶는다.

⑤ 소고기 표면이 익으면 양념을 붓고, 물에 담가놓은
   떡을 건져 넣은 뒤 끓인다.

⑥ 떡이 말랑하게 익고 윤기가 나도록 조린다.

⑦ 접시에 옮겨 담고 통깨를 뿌려 완성한다.

TIP

냉동 떡을 사용할 경우 찬물에 담가 해동한 뒤 살짝 데쳐서 사용해주세요.

1

2

3

4

5

7

데리야키 닭꼬치

닭꼬치는 담이도 정말 좋아하지만 저희 부부가 즐겨 먹는
별미 간식이에요. 맥주 한잔과 함께 곁들이면 부러울 것이
없죠! 닭꼬치 만들 때는 꼭 대파를 함께 꽂아 만드는데,
데리야키 소스를 발라서 구운 대파, 이게 또 환상적입니다.
담이는 아직 구운 대파 맛을 몰라서 제가 대신 먹지만
언젠간 구운 대파 맛을 함께 음미할 수 있는 날이 오겠죠?

(INGREDIENT) 2인분

닭다리살 300g

대파 흰 부분 2대

데리야키 소스 적당량

소금 적당량

후추 적당량

식용유 적당량

① 닭다리살은 흐르는 물에 씻은 뒤 키친타월로 꾹꾹 눌러
　물기를 제거한다.

② 1의 닭다리살을 소금, 후추로 밑간을 한 뒤 한입 크기로
　자른다.

③ 대파는 3㎝ 길이로 썰어둔다.

TO COOK

④ 나무 꼬치에 손질한 닭다리살과 대파를 번갈아가며
　꽂는다.

⑤ 식용유를 두른 팬에 4를 닭 껍질 쪽부터 올려
　뒤집어가며 중불에 굽는다.

⑥ 5가 노릇하게 익으면 만들어놓은 데리야키 소스를
　앞뒤로 발라 한 번 더 구워 완성한다.

데리야키 소스 만드는 법 132쪽 참고

1

2

3

4

5

6

팽이버섯전

팽이버섯전은 만드는 노력 대비 정말 맛있는 음식이에요.
단백질이 풍부한 팽이버섯과 달걀로 만든 전이라
밥반찬으로도 훌륭하고, 허기질 때 후다닥 만들어
간식으로 먹기에도 좋더라고요. 때에 따라 양파나 파를
썰어 달걀물에 넣어 만들어 먹기도 하는데, 어떻게 먹어도
맛이 좋으니 레시피를 활용해서 각자의 방법으로 맛있게
만들어보세요.

(INGREDIENT) 1-2인분

팽이버섯 1봉지

달걀 2개

소금 ¼큰술

식용유 적당량

① 오목한 볼에 달걀을 넣고 소금 간하여 달걀물을
  만든다.

② 팽이버섯은 밑동을 자른 뒤 적당히 찢어둔다.

③ 2의 팽이버섯을 1의 달걀물에 넣고 잘 섞는다.

팽이버섯의 방향이 흐트러지지 않도록 살살 섞으면 모양이 예쁜
전을 부칠 수 있다.

④ 달군 팬에 식용유를 넣고 3을 평평하게 올려 앞뒤로
  노릇하게 부쳐 완성한다.

TIP

전을 부칠 때 뒤집개를 세워 표면에 톡톡 구멍을 내면서 구우면 속까지
골고루 익히기 수월해요.

1

2

3

4

T

아이 밥 어른 밥
따로 차릴 필요 없이
온 가족이 같이 먹는

담이네 식탁

1판 1쇄 찍음 2024년 9월 3일
1판 1쇄 펴냄 2024년 9월 10일

지은이 박혜진

편집 김지향 정예슬
교정교열 신귀영
디자인 onmypaper
사진 이현석
미술 김낙훈 한나은 김혜수 이미화
마케팅 정대용 허진호 김채훈 홍수현 이지원 이지혜 이호정
홍보 이시윤 윤영우
저작권 남유선 김다정 송지영
제작 임지헌 김한수 임수아 권순택
관리 박경희 김지현

펴낸이 박상준
펴낸곳 세미콜론
출판등록 1997. 3. 24. (제16-1444호)
06027 서울특별시 강남구 도산대로1길 62
대표전화 515-2000 팩시밀리 515-2007
편집부 517-4263 팩시밀리 515-2329

ISBN 979-11-94087-53-3 13590

세미콜론은 민음사 출판그룹의
만화·예술·라이프스타일 브랜드입니다.
www.semicolon.co.kr

엑스 semicolon_books
인스타그램 semicolon.books
페이스북 SemicolonBooks
유튜브 세미콜론TV